正しい看取りの意思確認？

箕岡 真子
東京大学医学研究科客員研究員

株式会社 ワールドプランニング

はじめに

　介護施設では，日常的に「看取り」や「看取りの意思確認」が行われています．
　そして，「看取り」という言葉は，「お迎えが来た」「平穏な死」「自然な死」といったふうに，何となく優しいお別れのイメージがあります．
　しかし，「看取り」はなにも問題のない優しいお別れなのでしょうか？　あるいは，私たちの行っている「看取りの意思確認」の方法は本当に適切なのでしょうか？　「看取りの意思確認」は，だれにでもできて，簡単なことなのでしょうか？
　以下は，しばしば見かける入所時の「看取りの意思確認」のシーンです．
　施設長；「お母さんの看取りはどうしますか？」「もしもの時，救急車で病院に運びますか？」「施設で自然に看取りますか？」「自宅で看取りますか？」
　家族；「この施設で看取ってください．どうぞよろしくお願いします」
　施設長；「わかりました．書類に記入してください．」
　上記に会話のように，施設入所時に，家族は，「積極的な治療をしないで施設で看取りを希望する」「蘇生のために救急車をよんだり，病院に搬送する」「自宅で看取る」などの選択肢から望む方法を選ぶことになります．
　このような家族の意向をそのまま尊重する「看取りの意思確認」に何ら疑問を抱かないで，家族の意向どおりに，"もしもの時"にはそのまま看取ってしまうことが日常的に行われています．しかし，以下のような疑問が持ち上がってきます．
　「家族の意向は，本人の願望を反映しているのでしょうか？」「ほんとうに

本人は治療を望んでいなかったのでしょうか？」「家族は，本人の代弁者として適切なのでしょうか？」「施設長と家族の話し合いで，命に関わる決定をしてもよいのでしょうか？」「"もしもの時"の，医学的判断は適切なのでしょうか？　ご本人はほんとうに終末期なのでしょうか？　治療は役立たないのでしょうか？』

　また救急隊からは，こんな問題提起もあります．施設からの搬送ケースにおいて，積極的な処置を望まないと意思表示される場合があるが，この書類がほんとうに適切につくられたのか，そのまま信じてよいのかどうか判断できない事例に出くわし，対応に苦慮することがしばしばあるということです．

　さらに，救急救命センターからは，積極的治療の適応のない高齢者が搬送され，ベッドを塞ぎ，積極的治療が必要な他の救急患者の受け入れができないで困っているという訴えもあります．「看取り」には，それぞれ個人の価値観や人生観によって，いろいろな形があるでしょう．しかし，どのような形の「看取り」をするにしても，その前に正しい「看取りの意思確認」が必要です．つまり，「看取りの意思確認」には，守らなければならないいくつかの医学的・倫理的・法的なルールがあるということです．

　高齢者施設においては，「看取り」や「看取りの意思確認」は，日常的な出来事になりがちですが，ここで私たちは，日々の忙しいケア業務に流されないで，一度立ち止まってみる必要があります．私たちが，現在，行っている「看取りの意思確認」の仕方はほんとうに正しいといえるのかどうかということを，本書を通じて，医学的視点・倫理的視点・法的視点から考えてみたいと思います．

平成27年1月

箕岡　真子

	はじめに …………………………………………………………… 1
1	よりよい「看取り」をするためには，正しい「看取りの意思確認」が必要です …………………………………… 6
2	「看取りの意思確認」におけるさまざまな問題 ………… 8
3	「看取り」という言葉の意味すること ……………………… 10
4	なぜ私たちは「看取り」について悩むのか ……………… 12
5	「本人意思」についての問題──正しい「看取りの意思確認書」を作成するために── ………………………………… 18
6	「インフォームドコンセント」の真の意味とは ………… 24
7	事前指示の重要性──意思表示できない人の「自己決定権」を尊重するために── ………………………………… 28
8	「適切な家族」による「適切な代理判断」とは ………… 32
9	だれが『適切な代理判断者』か？ ………………………… 36
10	『適切な代理判断の手順』とは？ ………………………… 42
11	「家族の代理判断」の意味すること ……………………… 46
12	家族による代理判断は適切か？ ………………………… 50
13	「本人が決めること」と「家族が決めること」の倫理的違い …………………………………………………………… 54
14	「看取りの意思確認」の結論を出すためのプロセスの重要性 …… 58

15	；だれが「看取りの意思確認」の話し合いに参加するのか …	62
16	；「看取りの意思確認」の手続き（プロセス）を公正にするために ……………………………………………………………	70
17	；関係者間で意見が異なるときの解決方法 …………………	74
18	；「看取り」に際して医学的アセスメントは充分か？………	78
19	；終末期の医療ケアに関する本人の願望を示す「事前指示書」…	88
20	；「看取りの意思確認書」の最終確認 ………………………	96
21	；定期的な再評価（再確認）の必要性 ………………………	100
22	；高齢者の慢性疾患における緩和ケアの重要性 ……………	104
23	；心肺蘇生をしない（＝看取る）という医師による指示 —DNAR指示— ………………………………………………	110
24	；POLST（DNAR指示を含む）の書式とガイダンス …………	116
25	；厚生労働省「終末期医療の決定プロセスに関するガイドライン」……………………………………………………………	130

  おわりに ………………………………………………… 133

正しい「看取りの意思確認」の仕方

1

よりよい「看取り」をするためには,正しい「看取りの意思確認が必要です

よくある「看取り」の意思確認のシーン（入所時）

施設長
「もしものとき,お母さんの看取りはどうしますか?」

救急車で病院に運ぶ

自然に看取る

自宅で看取る

家族
「どうぞ,この施設で看取ってください.お願いします」

以下のやり取りは，入所時によく見かける「看取りの意思確認」のシーンです．

　　施設長；「お母さんの看取りはどうしますか」「①もしもの時，救急車で病院に運びますか？②施設で自然に看取りますか？③自宅で看取りますか？」
　　家　族；「この施設で看取ってください．どうぞよろしくお願いします」
　　施設長；「わかりました．書類に記入してください．」

　上記の会話のように，介護施設入所時に，家族は，「積極的な治療をしないで施設で看取りを希望する」「蘇生のために救急車を呼んだり，病院に搬送する」「自宅で看取る」などの選択肢から望む方法を選ぶことになります．
　このような家族の意向をそのまま尊重する「看取りの意思確認」に何ら疑問を抱かないで，家族の意向どおり，「もしもの時」にはそのまま看取ってしまうことが日常的に行われています．実際，いつも入所者本人のために真摯に考えている家族による決定の場合には，ほとんどの場合，なにも問題は起こらないかもしれません．
　しかし，わたしたちは，日々の忙しいケアに流されないで，ここで，一度立ち止まって，このような「看取りの意思確認」の仕方は本当に正しいといえるのかどうかということを，医学的視点・倫理的視点・法的視点から考えてみましょう．

「看取りの意思確認」における さまざまな問題

私たちは，看取りをしたあとに，「とてもよい看取りだった」と満足感を覚えることもありますし，また「ああすればよかった」「こうすればよかった」とか，「命に関する医学的判断は正しかったのか」「本当に倫理的に適切だったのか」「法的な問題はなかったのか」と悩んでしまうこともあります．

　このように「看取りの意思確認」には以下のように，充分に考えなければならない医学的・倫理的・法的問題点があります．

Q；家族（キーパーソン）は代理判断者として適切か？

Q；本人は，本当に延命治療を望んでいなかったのか？

Q；家族の判断は適切か？

Q；「命」に関わる判断を施設長が決めてよいのか？

Q；本当に終末期なのか？治療は役に立たない（無益）のか？

Q；予期していなかった医学的事態が起きたときはどうするのか？

Q；医師による正式な書類（蘇生不要指示；DNAR）が必要なのでは？

3

「看取り」という言葉の意味すること

私たちは，普段，日常的に「看取り」という言葉をしばしば，気軽に使っています．では，この「看取り」という言葉はいったいなにを意味しているのでしょうか？

　「看取り」という言葉は，日本語特有の言い回しで，「平穏な死」「自然の死」「お迎えがきた」というように，あたかも人間の尊厳を守れる優しいお別れのイメージがありますが，その指し示すものは曖昧です．たとえば「妻は夫の最期を看取った」というように死亡時に同席できたという意味合いもあるし，また「当院の在宅看取りの症例数は何例」というように医療側の死亡診断を指すこともあるし，また「看取り介護」というようにもう少し長いケアのスパンを指すこともあります．

　海外においては「看取り」の直訳に相当する単語はなく，「看取り」の状況において End-of-life Care（終末期ケア），延命治療の差し控え・中止，緩和ケア，ホスピスケアなどといった言葉が用いられています．

　それでは，この優しいお別れのイメージの「看取り」のどこがいったい倫理的に問題なのでしょうか？

　「看取り」の定義に決まったものはありませんが，その意味するところは「無益な延命治療をしないで，自然の経過で死にゆく高齢者を見守るケアをすること」になりますので，医療において最近大変問題になっている人工呼吸器取り外しなどと同様に，「延命治療の差し控え・中止」という法的・倫理的問題が内在していることになります．したがって「延命治療中止の本人意思や事前指示はあったのか？」「本当に終末期か？」「本当に治療は無益なのか？」「意思決定の手続きは適切か？」などが問題となってきます．

4 なぜ私たちは「看取り」について悩むのか

なぜ私たちは，高齢者の看取りについて，こんなに悩むのでしょうか？そこには以下の5つの理由があります．

1) 本人が自分の意思を表明できないから

まず，高齢者の場合，終末期には本人が，自分の意思を表明できないことが多いということが挙げられます．入所高齢者が自分の意思を表明できない場合には，本人がどのような終末期の医療やケアを望んでいたのかがわからないために，家族等の関係者は，ただ単に本人の意思を憶測するしかなくなってしまいます．このような場合，家族によっては，自分たち自身の願望や意向，ときには自分たちの都合で判断・決定をしてしまうこともあるでしょう．しかし，本人のことを真摯に考える誠実な家族であれば，本人の真意がわからず決定することに，心理的苦悩とか感情的苦痛を感じることになってしまいます．

具体的には，「本人はなにが何でも1日でも長い生をまっとうしたいのか？」あるいは「生きる時間は少し短くなるかもしれないが，延命治療をしないで，平穏な終末期を望むのか？」といった問いについて，家族は考える必要があります．

また，医療ケア専門家にとっても，本人の意向がわからないままに，家族がすべて決めてしまうことへの違和感があります．あるいは，医療ケア専門家が，今後の方針をすべて決定するといったパターナリズム的医療やケアへの躊躇・反省もあります．

> ＊パターナリズム；患者本人にとってなにが最善の医療かを，医師が考え実践することを指す．医療の歴史は，「ヒポクラテス的医の倫理」以来，このような医師の善行（患者のために善をなす）を，患者の自律よりも重んじてきた．しかし，医師が，患者のためによかれと考えることによって，結果的に本人の意思や願望を今後の治療方針に取り入れることができなくなってしまうこともある．これは，まるで，親が子どものためを思って意思決定するのに似ているため，パターナリズム（父権的）とよばれている．

2) 延命治療の選択肢が増えたから

　近代医学が発達する前の時代までは，人工呼吸器や人工的水分栄養補給などの延命治療を受けるかどうかという難しい問題を考える必要はありませんでした．人々は自然の経過で死の床に就き，心臓が止まり，呼吸が止まり，世を去っていきました．しかしいま，私たちは人工呼吸器・胃ろう・点滴をはじめ，さまざまな治療手段をもち，意識がない状態でも心臓を動かし続けることも，人工的に呼吸をさせることも，栄養を補給することもできるようになりました．

　もちろんこれらの医療技術は，多くの人々の命を救うことに役立っています．しかし，これらの治療手技が，ゆっくり進行する老衰や，終末期認知症を患っている高齢患者さんにとって本当に有用かどうかは，ここで一度立ち止まって考えてみる必要があります．つまり，これらの治療手段について選択する余地があるということです．このような選択肢の増加は，患者さんや家族だけでなく，医療ケア専門家をも悩ませます．

　「救命治療」は患者さんの命を救うためになされる医療処置です．「延命治療」は病気が治る見込みがないにも関わらず，延命するためだけのすべての手段・医療処置を指します．ときに死の経過や苦痛を長引かせることもあるといわれています．救命治療は，たいていの場合，実施することが普通ですが，延命治療については，本人の医学的病態や価値観などによって，選択する余地があります．

　しかし，同一の処置であっても，あるときには救命や延命を目的とする場合もありますし，また，あるときには緩和を目的とすることもありますので，それらに境界線を明瞭に引くことはたいへん困難です．個別のケースごとに，「救命治療」にあたるのか，「延命治療」にあたるのか，あるいは「緩和ケア」にあたるのかを考える必要があります．

＊緩和ケア；生命を脅かす疾患に伴う問題に直面する患者と家族に対し，疼痛や身体的，心理社会的，スピリチュアルな問題を早期から正確にアセスメントし解決することにより，苦痛の予防と軽減を図り，生活の質(QOL)を向上させるためのアプローチである（WHO）（p.104 参照）．

3) 介護職にとって，「終末期」「いのち」「病気で死ぬこと」等との関わりが歴史的に浅いから

　高齢者の看取りについて，悩む理由の3番目として，介護職にとって，「終末期」や「病気で死ぬこと」といった，「いのちの終焉」との関わりの歴史が浅いということが挙げられます．実際，終末期の医療やケア，つまり「いのち」の終焉に関する事柄は，主に，ヒポクラテスの時代から連綿と続く医療職の仕事でした．1850年代以降には，ナイチンゲールらの努力・貢献によって，看護教育を受けた看護師も関わるようになってきました．

　それに対し，ケア提供者は，いままでは高齢者の生活支援（食事・入浴・排泄の介助など）が中心でした．しかし最近は，介護施設やグループホームでの「看取り」のケースが増えてきたことによって，重大な「いのち」に関わる仕事が増えてきました．この「いのちの終焉」に関わることは，ケア職にとって新たなチャレンジということになり，多くの学びが必要となりますし，それに伴う悩みも増えてきます．

4)「倫理的気づき」が十分でないから．そして同様な事例でも，それぞれのケースによって解決策は異なる（倫理の正解はひとつではない）から

　4番目の理由として，終末期の医療ケア（看取り）における悩みに「倫理的問題」が含まれているという"倫理的気づき"が十分でないことが挙げられます．高齢者の看取りに，医学的問題や介護の技術的問題だけでなく，倫理的問題が含まれていると気づくことによって，実際のケースで，それまでモヤモヤし混乱していた問題点の意味が明確になってきます．

さらに，倫理にはたったひとつの正解があるわけではありません．似たような事例でも，それぞれのケースごとに解決策は異なるという点も，われわれの悩みを深くすることになります．実際，日常ケアの実践においては，しばしば微妙な倫理的価値の対立（＝倫理的ジレンマ）があります．これらの対立している意見の，どちらか一方が明らかに間違っていれば，私たちはそれほど悩まないわけですが，微妙な倫理的価値の対立においては，どちらの意見も，必ずしも，明らかに間違っているとはいえないわけです．どちらが優位なのか．どちらか下位にあるのか．一見しただけでは明らかでないことがしばしばあります．したがって，私たちは，それぞれのケースの事実（物語；ナラティヴ）を正確に理解し，それぞれのケースにふさわしい対応を考えていかなければなりません．

5) 終末期に関する「法律」がないから〔法の欠缺状態〕

5番目の理由として，終末期の医療・ケアに関しては，現在「法律がない」法の欠缺（けんけつ）領域だということです．つまり，終末期の医療やケア（＝看取り）については「法律どおりにすればよいという法律」がないということです．私たちは，法律があれば，その法律に従って医療に関する意思決定や実践を行えばよいことになります．

しかし，終末期のように，法律がない「法の欠缺状態」の場合には，倫理的に適切な看取りをするためには，たとえば終末期ガイドライン*を参照したり，あるいは個別のケースごとにケースカンファレンス（倫理コンサルテーション）を実施して，適切かつ公正な意思決定プロセスを確保しなければならなくなります．

*厚生労働省の終末期の決定プロセスに関するガイドライン（2007年5月）；「看取り」を実践する医療介護者は，最低限，このガイドラインの内容については熟知しておく必要があります．（第25章参照）

5 「本人意思」についての問題

―― 正しい「看取りの意思確認書」を作成するために ――

> **Point**
> ★ 本人に意思能力があれば，「看取りの意思確認書」は，本人の意向に沿って作成されるのが原則です．
> ★ 高齢や認知症を理由に，「自分では決められないだろう」と先入観をもってはいけません．
> ★ 「意思能力」を適切に評価してください．総合的に無能力としてはいけません．
> ★ 意思能力が不十分な場合でも，本人の意向をできる限り尊重できるように，意思決定の支援（＝Shared Decision Making）をしてください．

1) 医療やケアに関する自己決定の権利の保障

正しい「看取りの意思確認書」を作成するためには，「本人の意思」について，充分に考えることが必要です．

私たちは，医療やケアを受けるときには，自分の病状などについて適切な説明を受け，それらを踏まえて自分自身の価値観に沿って自己決定をすることができます．この自己決定の権利は，倫理原則である自律尊重原則によって保障されています．

倫理4原則は，①自律尊重原則（Autonomy），②善行原則（Beneficence），③無危害原則（Non-maleficence），④公正・正義原則（Justice）から成り立っています．そして，1番目の自律尊重原則は，「意思能力のある個人は自己決定をすることができる」「他人は，その自己決定を尊重しなければならない」ということを意味しています．

2) 高齢者や認知症の人々の意思能力

高齢になったり，認知症の進行に伴って，意思能力はしだいに低下し

ていきます．しかし，高齢あるいは認知症があるという理由だけで，「自分では判断できないだろう」と先入観をもって，本人の意向を無視して家族や介護者が何でも決めてしまうことは，自己決定権を尊重していないことになります．なぜなら高齢者や認知症の人々すべてに意思能力がなく，自己決定が不可能というわけではないからです．

　さらに，意思能力が不十分，あるいはボーダーラインであると評価された場合でも，本人の意向をできる限り尊重できるように，意思決定の支援（＝共有された意思決定；Shared Decision Making）をすることが大切です．この Shared Decision Making は，パーソンセンタードケア*の重要な構成要素のひとつになっています．

　　*パーソンセンタードケアの構成要素；①認知症の人々の Personhood（人格）は，失われるのではなく，しだいに隠されていくのだと見なすこと，②すべての場面で，認知症の人々の Personhood を認める，③ケアと環境を個人に合わせる，④Shared Decision Making を実践する，⑤周囲（社会）との関係性（交流）を重視する．

3）医療やケアに関する意思能力

　医療やケアに関する意思能力（Competence）は，自分自身が受ける医療について，説明を受けたうえで，自ら判断を下すことができる能力を指し，以下の4つの構成要素を満たす必要があります．

　①選択の表明；選択する能力とそれを相手に表明する能力です．

　②情報の理解；病気やその予後，治療などについて理解する能力です．

　③状況の認識；その治療法を選択した場合，それが自分にどのような結果をもたらすのかを認識できることです．

　④論理的思考；決定内容が自分の価値観や治療目標と一致していることです．

4）意思能力の変化

　意思能力は程度の問題であり，その能力の有無を決める客観的合格ラインが存在するわけではありません．また「特定の課題ごと」「経時的に」「選択の結果の重大性に応じて」変化します．したがって，自己決定を尊重する倫理の視点からは，意思能力を固定的に判断したり，総合的に無能力としてはいけません．

5）意思能力はエンハンスメント（強化）することができる

　意思能力は固定的なものではなく，エンハンスメントすることができる場合があります．病状の説明・治療の説明などにさらに十分な時間を費やし，図やビデオなどのツールを用いることにより，患者の理解度を上げることができ，患者の不安を和らげることもできます．また急性疾患や，疾患の一時的な急性増悪により意思能力が低下している場合には，それらの疾患を治療してから，再度，意思能力の評価を行えばよいのです．

6）意思能力の評価基準のスライド尺度化

　客観的にみて，本人の最善の利益に適わない決定を行い，危険性の大きい選択肢を選ぼうとする患者には，より厳しい意思能力の評価基準を用いるべきであるという考え方があります．これを評価基準のスライド尺度化といいます．

　このように評価基準を場面に応じて臨機応変に変えることは，患者のこうむる危険を減らすことができ，善行原則に適います．しかし，意思能力の評価そのものが非常に不安定なものになったり，医師の先入観が入り込みやすくなり，患者の自己決定権の制限（パターナリズムへの逆行）となる，という欠点もあります．

7）だれが意思能力を評価するのか

医療に関する意思能力の評価は，原則的には医師（主治医）が行います．しかし，評価が微妙な場合には，専門医（精神科）にコンサルトします．

8）「医療やケアに関する意思能力」と「生活や契約に関する判断能力（＝事理弁識能力）」は異なる場合がある

施設で生活する場合には，「医療・ケア」と「生活」に関する判断の両者が必要となります．しかし，「医療やケアについて判断する能力」と「生活や契約について判断する能力」は必ずしも同じではなく，異なることがあります．たとえば，医療ケアについての判断が可能な人が，生活や金銭の管理ができないということがあり得ますし，また逆のことも起こり得ます．

したがって「医療やケアについて判断する能力」が低下しているからといって，すべてについて決める能力がないといった包括的無能力と見なしてはなりません．認知症が進行しても，日常生活に関する好みを表出することはしばしば可能です．また，複雑な医療上の決定ができない場合でも，たとえば，歯が痛いときに鎮痛剤を飲むといった簡単な決定をすることは可能なことがしばしばあります．また後述のように，信頼する代理判断者を決めることは，中等度の認知症でも可能なことがあります．

（1）医療ケアに関する判断能力

この能力を，前述のごとく，意思能力（Competence）といいます．自分自身が受ける医療やケアについて，説明を受けたうえで，自ら判断を下すことができる能力を指します．

(2) 生活・契約に関する判断能力

生活・療養看護・財産管理に関する判断能力を「事理弁識能力」とよびます（民法 858 条）．私たちに関係のある「契約」の例では，医療機関の窓口で診療を申し込む「診療契約」や「介護保険契約」があります．事理弁識能力が低下している場合には，診療契約や介護保険契約の締結，その報酬の支払いなどを後見人が代わって行うことができる成年後見制度を利用できます．介護保険契約締結には，この事理弁識能力が必要とされていますので，「任意後見契約に関する法律」が介護保険制法と同時に施行されました．

9) 認知症の人の自律（Autonomy）の概念

認知症の人の尊厳に配慮するためには，自律（Autonomy）の概念をより広くとらえて意思能力の評価をし，できる限り自己決定の支援（Shared Decision Making）をする必要があります．すなわち「自律」を「個別に単独で自己決定できること」と狭くとらえるのではなく，「周囲との関係性のなかで自己決定をすること」というより広い概念でとらえ直すことです．そのような発想の転換においては，認知症の人々の意思能力は「大切な人々との関係性のなかで，自身の願望や意思を表現できること」として評価されることになります．

特に，自分自身の終末期医療に関する代理判断者を指名する能力は，認知機能以上に「信頼」という要素に関わっているといわれていますので，認知症が進行してもしばしば残ることがあります．

6

「インフォームドコンセント」の真の意味とは

> **Point**
> ★本人に意思能力があれば,「看取りの意思確認書」は,適切なインフォームドコンセントを実践して作成される必要があります.
> ★インフォームドコンセントは,自分の受ける医療やケアについて「知る権利」と「選択する権利」から成っており,法的にも保障された権利です.

1) インフォームドコンセントの意義

　インフォームドコンセント(＝Informed Consent；I.C.)は,患者さんが自分の受ける医療ケアについて「知る権利」と「選択する権利」から成り立っています.「看取りの意思確認」においては,「終末期の延命治療をしない」という,いのちに関する重大な選択を患者さん自身がすることですから,インフォームドコンセントと無関係ではありません.

　医療の現場で,しばしば「I.C.すんだ」「I.C.とった」「I.C.した」などの言葉が聞かれますが,これらの言葉は,インフォームドコンセントの本質を正しく言い表していません.それは,インフォームドコンセントとは,患者さんから「とる」ものではなく,患者さんが医療者に「与える」同意だからです.したがって,意思能力のある高齢者に対して,正しい「看取りの意思確認書」を作成するためには,「インフォームドコンセント」の真に意味するところを知っておく必要があります.

　インフォームドコンセントとは,医療者が患者さんに,適切な情報を提供し,患者さんがそれを基に自己決定を行い,提案された医療処置に同意をすることです.あくまで,患者さん本人の価値観や人生観が基本となります.つまり自己決定権あるいは自律尊重原則を尊重することを

意味します．医療介護専門家が，高齢者に意見を押しつけるパターナリズムは，「自律尊重」の倫理原則に反し，好ましくありません．

「患者の同意を取りつける」という言葉は，とりもなおさず「医療介護専門家が薦める治療方針に，患者は同意するはずだ」という先入観が根底にあります．これは必ずしも，インフォームドコンセントという概念の真意を表していません．精確にはインフォームドチョイス・インフォームドデシジョンメイキング(Informed Choice/ Decision Making)であり，患者さんは，インフォームドコンセント（医療同意；Informed Consent）することも，インフォームドレフューザル（医療拒否；Informed Refusal）することもあり得るのです．

2) インフォームドコンセントの構成要素

インフォームドコンセントは，
- ①情報の公開
- ②理解
- ③自発性
- ④意思能力
- ⑤同意

の5つの要素から成り立っています．公開すべき情報は，病名・病状，医療の目的・方法・必要性・有効性，その危険性と発生頻度，代替医療などについてです．また自発性については，強要や不当な影響下にないことが必要です．

倫理原則「自律尊重原則」と，いままでの判例の蓄積によってインフォームドコンセントを法的に義務づけることで，患者さんは「自分の価値観に応じて，自分の身体に関することを自分で決めることができる」

「望まない治療を拒否できる」という権利が保障されることになります．

3) インフォームドコンセント訴訟

　最近では，インフォームドコンセント訴訟というものが起こされています．本来，医療訴訟は，医療行為に何らかの過失があった場合に訴訟は起こされます．たとえば，介護施設においては，入所者の転倒・骨折の際に，介護施設側に何らかの過失があった場合，損害賠償の請求が提訴されます．

　しかし，インフォームドコンセント訴訟といわれているものは，医療行為そのものに過失がなくても，情報の適切な開示がなされていなければ，医療者側はその責を負うというものです．それは患者さんの権利である自己決定の機会（たとえば，もしその情報が開示されていたのならば，その治療を望んだ，あるいは治療を拒否した）を奪われたことになるからです．このことからも，インフォームドコンセントが，患者さんにとっても医療ケア専門家にとっても，いかに大切なものかがわかります．

7 事前指示の重要性
―― 意思表示できない人の「自己決定権」を尊重するために ――

> 現在意思表示ができない人でも,事前指示によって「かつてのその人」の自己決定権を行使できる

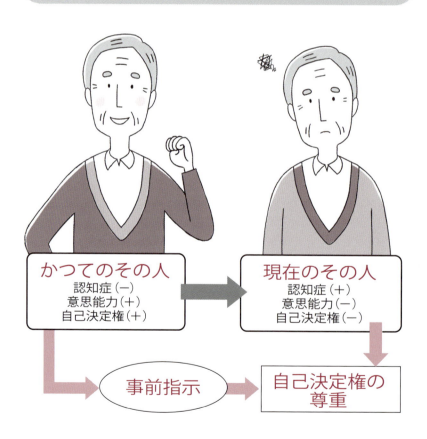

> **Point**
> ★ 意思表示できない人の「自己決定権」を尊重するためには,「事前指示」が役立ちます.
> ★ 事前指示とは,本人が意思能力があるうちに,自分自身で,将来の看取り(終末期医療ケア)などについて,前もって指示しておくことです.
> ★「事前指示」を作成しておくことは,よりよい「看取りの意思確認書」を作成するためにも役立ちます.

　高齢のために,あるいは脳血管疾患や認知症などのために意思能力が低下すると,本人は自分の考えを表明することができなくなります.しかし,自律尊重原則やインフォームドコンセントの法理により,終末期医療ケアにおいて,本人の意思・願望・人生観・価値観を尊重することはたいへん重要なことです.それが,「自然な看取りを望む」であるにせよ,「なにが何でも1日でも長く生きていたい」と思うにせよ,です.

　それでは,本人の終末期の自律(Autonomy)を尊重するためには,どのようにすればよいのでしょうか? それには,意思能力が正常だった「かつてのその人」の自己決定権を延長することになる「事前指示」が重要になってきます.

　事前指示は,『現在,意思能力が正常な人が,将来,意思能力を失った場合に備えて,治療に関する指示を,事前に与えておくこと』ですが,その主な内容は,①望む医療処置と,望まない医療処置について,②医療に関する「代理判断者」を指名すること,から成り立っています.特に代理判断者は,「本人が自己支配を放棄し,それを愛する者(代理判断者)の手の中に置くことによって,逆説的に,本人が望んだことをかなえる役目を果すことになります (Stephen G. Post).」

「事前指示」は，今後「看取りの意思確認」をする際に，たいへん重要な役割を果たすことになるため，第10，19章で，詳しく述べることにします．

8 「適切な家族」による「適切な代理判断」とは

家族が決めること（=代理判断）

> **Point**
> ★ 本人が意思表明できない場合には，家族（代理判断者）が，看取りについて代理判断します．
> ★ 本人のことを真摯に考えることができる人々が，充分に話し合って「看取りの意思確認書」を作成することが大切です．

1) 家族による代理判断の問題点

　私たちは，実際に「看取りの意思確認」をする際には，キーパーソンと思われる家族に，いくつかの選択肢を提示し，家族の決定を尊重することがほとんどです．しかし，「高齢者本人による自己決定」と「家族による自己決定」の意義は，必ずしも同じではありません．そこで私たちは，「看取りの意思確認」をする際には，一度，立ち止まって『家族のなかで，だれが決めるのが適切なのだろうか？』『家族がすべてを決めてしまってよいのだろうか？』『家族による代理判断は適切だったのか？』について，よく考えてみることが必要です．ときには，家族のなかで，意見が対立する場合もあり，問題はますます複雑化します．

2) 家族による代理判断が本人の「最善の利益」にかなわない場合

　家族の代理判断に関しては，このような場面をしばしば耳にします．
　たとえば，施設入所に関しては『私たちは，忙しくて，お父さんの面倒をみることができません．父を施設に預ける予定です』といった介護負担の回避の場面，あるいは無職の息子が『お母さんの年金が，僕の生活費です』といった利益相反の場面にも出くわします．これらの家族は，親の病状が悪化した時，本当に，本人のために判断ができるのでしょうか？　もしかしたら，自分が介護負担から逃れたり，年金を使えるよう

な方向で，判断をする可能性もあります．

　また，成年後見に関しては，最近，第三者後見人が，50％を越えたという報告があります．それは，家族よりも，他人の第三者の方が，本人にとってよい判断ができる場合が，しばしばあるということを意味しています．

9 だれが「適切な代理判断者」か?

家族(キーパーソン)は代理判断者として適切か?

- 本人の性格・価値観・人生観について十分に知りその意思を的確に推定できる
- 本人の立場に立って,真摯な考慮に基づいている
- 本人の病状・治療内容・予後等について,十分な情報と正確な認識をもっている

> **Point**
> ★ 適切な家族（代理判断者）が，判断・決定することによって，はじめて，よい「看取りの意思確認書」が作成できます．
> ★ 自己決定の権利を尊重するためには，本人が指名した代理判断者（＝Proxy）が，より理想的です．
> ★ 原則として，医療・ケア提供者は，代理判断者になれません．

1）「だれが代理判断者になるのか？」によって決定内容が大きく変わってくる

「だれが代理判断者になるのか？」は，それによって決定内容が大きく変わってきますので大きな問題です．適切な家族（代理判断者）が，代理判断をすることによって，初めて「よい判断」ができることになります．したがって，正しい「看取りの意思確認書」を作成するためには，「適切な家族」が判断することが必要です．

また，欧米の「個人を中心とした個の自己決定」に対して，日本における自己決定は，その家族制度の伝統により，「家族という関係性の中での自己決定」ということになります．そして，実際，家族の治療やケアへの協力とか配慮が，結果として患者さん本人の利益ともなります．しかし，また反対に，高齢者に対する虐待や利益相反，介護負担などが問題となっている現状もありますので，家族が，必ずしも患者さん本人の意思や願望を反映・代弁していない場合，あるいは本人の「最善の利益」を推測できるのか疑問のある場合もあります．

2）「本人が指名した代理判断者（Proxy）」と「そうでない代理判断者（Surrogate）」

代理判断者は，本人が意思能力を喪失した場合，および末期状態の場

合，患者本人に代わって医療・ケアに関する判断をすることになります．

　将来の自分の医療・ケアについて，自分の代わりに判断してくれる人（＝代理判断者）には，自分の意思で任意に指名したProxyと，代理判断する人一般を指すSurrogateがあります．本人が指名した代理判断者Proxyと，代理判断する人一般を指すSurrogateでは，倫理的意味合いが異なります．

　本人が，まだ意思能力があるうちに，代理判断者を自分で指名しておけば，自分自身の自己決定権を延長することになります．代理判断者は，自分と親しく，もっとも信頼している人を指名するのがよいでしょう．そうすれば，代理判断者は，「その時の」「その本人にとって」「もっともよい決定」をしてくれるでしょう．

　本人が，代理判断者を指名していなかった場合には，家族などのなかでだれかが，代理判断をすることになります．これがSurrogateです．一般的には，患者本人のことを，もっとも真摯に考えることができる人がなることが多いのですが，ときには，家長であるという理由や，もっとも年長だからという理由でSurrogateになる場合もあります．

3)「キーパーソン」の意味するところ

　私たちは，実際の現場で，本人に代わって決める人をよく「キーパーソン」といいますが，では「キーパーソン」とはいったいどのような人のことを意味するのでしょうか？　ここで「キーパーソン」の役割について考えてみましょう．

　まず，「自己決定」が大切だといっても，私たちは決して自分のことだけを考えて決定をしているわけではありません．家族や大切な人々のことも考えて，家族という「関係性のなかでの自己決定」を行っています．

したがって，代理判断者であるキーパーソンは，医療やケアについて，独断で1人で決めるのではなく，関係者全員のコミュニケーションの中心という役割を担うことが期待されます．

そして，キーパーソンや家族の意向だけではなくて，できる限り本人の願望・価値観を理解し，尊重することが重要になります．したがって，「キーパーソン」は，可能であれば，「本人がもっとも信頼している」「本人が指名した人（Proxy）」がなるのが理想的です．

4）家族による患者意思の推定が許される場合

それでは，どのような家族であれば，本人に代わって，代わりに決めることができるのでしょうか？

平成7年の東海大学事件判決において，①家族が，患者の性格・価値観・人生観等について十分に知り，その意思を的確に推定しうる立場にある，②家族が，患者の病状・治療内容・予後等について，十分な情報と正確な認識をもっていること，③家族の意思表示が，患者の立場に立ったうえで，真摯な考慮に基づいたものである場合には，家族による患者意思の推定が許される，としています．

このような条件を満たす家族であれば，本人の看取りについて，本人に代わって，適切に「看取りの意思確認」をすることができるでしょう．

5）医療・ケア提供者は代理判断者になれない

代理判断者には，患者さん本人が最も信頼している人ならだれでもなれるわけですが，例外として，医療・ケアを提供している人はなることができません．医療ケア専門家は，患者さんや代理判断者に，充分かつ適切な情報を提供し，その人々が判断したり決断できるように支援・ア

ドバイスをする役目を担いますが,原則的には最終判断者になることはできません.なぜなら,医療・ケア専門家が終末期の医療ケアの最終判断者になってしまうと,古い医療の体質であるパターナリズム(医師が何でも決めてしまい,患者さんは黙って従う)になってしまい,患者さんにとって重要な自己決定の権利は形骸化してしまうからです.(p.13, 65 参照)

10 「適切な代理判断の手順」とは?

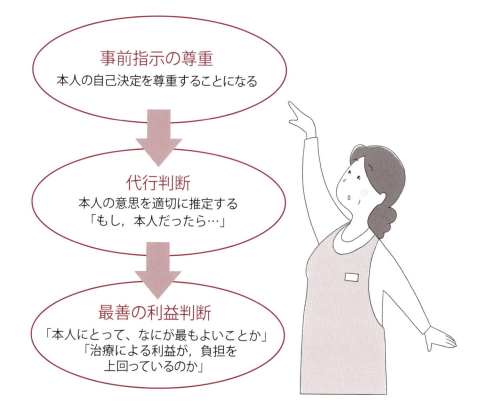

> **Point**
> ★本人が意思表明できない場合，
>   家族は，「看取りの意思確認書」を以下の手順に沿って作成します．
> ★①事前指示の尊重
>   ②代行判断
>   ③最善の利益判断

「看取りの意思確認書」を適切に作成するためには，本人に意思能力があれば，本人の意向や願望を尊重することが原則ですが，本人が意思表明できない場合には，家族等による代理判断が行われます．この代理判断において，「倫理的に適切な代理判断の手順」を踏むことが必要です．

1) 代理判断の手順

「適切な代理判断の手順」とは，①事前指示の尊重，②代行判断（本人意思の推定），③最善の利益判断，となります．介護施設側は，この手順に沿って，家族（代理判断者）に対して，看取りの意思確認を実施することがたいへん重要です．

(1) 事前指示の尊重

家族等による代理判断の際には，本人の事前指示があれば，まず，それを尊重します．前述のごとく，事前指示は，「意思能力が正常な人が，将来意思能力を失った場合に備えて，治療に関する指示を事前に与えておくこと」です．その主な内容は，①望む医療処置と望まない医療処置（これを書面に表したものが有名なリビングウィル），②医療に関する代理判断者を指名することから成り立っています．

通常，遺言（Will）は，本人が死んでから効力を発するわけですが，リビングウィルは，本人が生きているうちに効力を発する遺言であるために，生前発効遺言（Living Will）といわれています．リビングウィルは「万一，自分が末期状態になった場合，延命治療を中止・差し控える旨を医師にあらかじめ指示する書面」です．しかし，リビングウィルが法制化されているアメリカでは，健康時（作成時）および末期（実行時）に署名が必要，すなわち末期に意思能力が必要となります．

したがって，最後まで意識清明ながん患者さんなどの場合は大丈夫なことが多いのですが，意思能力がなくなってしまうことの多い高齢者や認知症の人の場合には，患者さんの自己決定の権利を守るのには十分ではありません．

そこで，患者さん本人が，自分自身の意思能力がなくなる場合に備えて，自分自身で「医療に関する代理判断者」を指名しておくことが大切になります．この代理判断者は，末期状態のときだけでなく，本人が意思能力を失った場合に，本人に代わって，医療に関する決定をすることができることから，医療内容の指示であるリビングウィルより，さらに実践的といえます．このように，代理判断者の指名は，自分のもっとも信頼している人に，自分の自己決定の権利を委ねることになります．

(2) 代行判断

本人による事前指示がない場合には，代行判断を実施します．代行判断とは「現在意思能力がない患者が，もし当該状況において意思能力があるとしたら行ったであろう決定を，代理判断者がすること」です．すなわち，本人意思を，適切に推定をすることを意味します．高齢者本人の価値観・人生観などを考慮して，それと矛盾がない判断を，代理判断者が本人に代わって行います．

（3）最善の利益判断

　事前指示がなく，また本人の意思の推定さえもできない場合には，本人の「最善の利益（Best Interests）」に基づいて，代理判断者が今後の方針について決定をすることになります．すなわち，「本人にとって何がもっともよいことなのか」「治療による患者さんの利益が，本当に患者さんの負担を上回っているのかどうか」を共感をもって考えることになります．

2) 終末期医療に関するガイドライン

　「看取り」を実践する場合には，その国の「終末期医療に関するガイドラインや法律」を参照することになりますが，日本の厚生労働省のガイドライン（終末期の決定プロセスに関するガイドライン：2007年5月）も，世界各国の終末期医療に関するガイドラインも，ほぼ上記の代理判断の手順に沿っています．1番目に「患者の意思・事前意思が確認できる場合はそれを尊重し…⇒事前指示の尊重がきて，②（確認できない場合）患者の意思が家族等の話より推定できる場合は，その推定意思を尊重し…⇒と代行判断，③（推定できない場合）患者にとっての最善の利益になる医療を選択する…⇒最善の利益判断の順になっています．

「家族の代理判断」の意味すること

『家族等による同意は，本人の同意権の代行にすぎず，第三者（家族）に同意権を付与しているものではない』

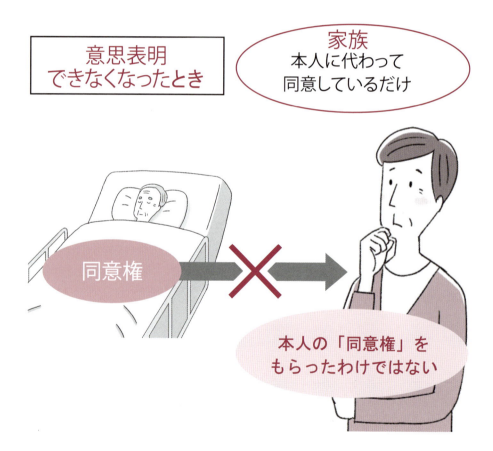

> **Point**
> ★ 正しい「看取りの意思確認」をするためには，家族が適切な判断をすることが必要です．
> ★「家族等による同意は，本人の同意権の代行にすぎず，家族に同意権を付与しているものではない」
> ★ 家族の代理判断は常に適切とは限りません．
>   以下の点に留意してください
>   ☆家族の意見は本人の意思を適切に推定しているか？最善の利益を反映しているか？
>   ☆家族関係はどうか？利益相反はないのか？
>   ☆家族の定義（範囲）は？
>   ☆家族内で意見の不一致はないのか？

1）家族の判断における問題

　長年，その高齢者とともに暮らしてきた家族は，たいていの場合，適切な代理判断をすることができるでしょう．しかし，さまざまな事情で，家族の代理判断は常に適切とは限りません．ここでは，「家族の代理判断」の意味するところを考えてみましょう．

　私たちは，家族の代理判断の際に，家族の意見は「本人の想いを代弁しているか」「本人の最善の利益を反映しているか」について注意を払う必要があります．また，家族関係や家庭の状況についても留意する必要があるでしょう．たとえば，「高齢者と家族の関係は良好だったか？」「感情的なしこりなど険悪ではなかったか」「虐待はなかったのか」「年金や遺産相続などの利益相反はないのか」，さらには，「介護を負担と感じ，放棄したいと思っていなかったのか」などについてです．

　また，私たちは，当然のように「ご家族の方はどう考えますか？」と

いった問いを投げかけますが，法的には「家族の定義（範囲）」が決められているわけではありません（注；遺族の範囲は規定されている）．したがって長年連れ添った法的関係のないパートナーのほうが，疎遠で音信不通の子どもより，親しい家族といえる場合もあります．さらに，家族内で，意見がまとまらず，不一致がある場合も多々見受けられます．

2) 家族による「同意」の法的意味合い

また，家族の意見や同意は，当然のように受け入れなければならないと思われがちですが，法的には必ずしも，そうとはいえません．「医療同意」は，法的には「法律行為ではない」と考えられています．法的には「医療同意」は「一身専属的法益への侵害に対する承認」であるといわれています．

したがって，『家族等による同意は，本人の同意権の代行にすぎず，第三者（家族）に同意権を付与しているものではない』とされています．法律の表現は，難解ですので，少し噛み砕いて説明してみます．

人は，皆それぞれに，医療ケアへの同意権という権利をもっています．この同意権という権利を，本人が意思表明できなくなっても，家族に渡したわけではないということです．家族は単に，本人に代わって同意しているだけであって，本人の同意権という権利をもらったわけではありません．同意権はあくまで，本人にのみ属する権利であると法的には考えられています．

このような同意権の法的意味を考えると，家族の同意・代理判断したことを，医療ケア専門家は，すべて受け入れるべきだということには必ずしもならないということになります．その同意した内容の適切性について，正しく評価される必要があります．

12 家族による代理判断は適切か？

面談における家族への問いかけの仕方

> **Point**
> ★ 家族の判断・決定は
>   「本人の意思・意向を反映しているのか？」
>   もしかしたら，「家族自身の願望・都合ではないのか？」
>   この区別についてじっくり考えてみてください．
> ★ 本人が意思表明できない時には，必ずしも，家族が決めることは悪いことではありませんが…
>   「適切な代理判断者」による「適切な代理判断の手順」を踏み，本人の意思・願望・価値観を，ちゃんと反映させることが大切です．

1) 家族の判断は，「家族自身の願望・都合ではないのか？」

先述（第11章）したように，「本人の医療への同意権」は，法的には家族に委譲したものではないことから，家族が好きなように決めてよいということにはなりません．したがって，「看取り」に関する家族の代理判断は適切なのかどうかを，立ち止まってしっかり考えなくてはなりません．適切な代理判断とは，本人の価値観や意向を，ちゃんと反映したものでなくてはならないのです．本人の"いのち"に関わる「看取りの意思確認」については，ただ，単に，家族だからといって，当然には，何でも自由に決めることはできないわけです．そこで家族の話し（判断）は，本当に「患者さん本人の意思を推定あるいは反映しているのか？」，もしかしたら，それは「家族自身の願望とか都合ではないのか？」という微妙な倫理的違いに，私たちは，注意をして話を聞く必要があります．

2) 川崎協同病院事件の判決

そして，家族の意見をそのまま採用することに慎重な姿勢をみせてい

る判例（川崎協同病院事件）がありますので，家族の代理判断の意義を考えるうえで，参考にしてください．

●川崎協同病院事件概要

被告人医師；呼吸器内科部長，女性43歳．患者は58歳；気管支喘息重積発作に伴う低酸素性脳症で意識が回復しないまま入院中である．患者の妻より気管内チューブを抜いてほしいとの依頼があった．医師は，家族へ「気管内チューブを抜くことは看取ることになる」と説明した．そのとき家族らは無言でうなずいたので，被告人医師は「自然な形で看取ろう」と決心した．気管内チューブを抜き，死を待ったが，被害者は苦悶を呈したため，鎮静剤投与するも効果不十分であり苦しそうであった．医師は，その場に居合わせた幼児を含む家族らに，このような状態を見せ続けることは好ましくないと考えた．そして，事情を知らない准看護師に，筋弛緩剤を静脈注射させ，被害者を呼吸筋麻痺による窒息にて死亡させた．

医師は殺人罪で起訴され，第1審判決は懲役3年・執行猶予5年というものでした．そして，その後の2007年の高裁判決（控訴審）において，家族の意見をそのまま採用することに慎重な姿勢をみせている判決部分がありますので要約してみます．

「家族は患者の自己決定の代行ができるか？」については，前述のごとく，家族の同意は，本人の同意権の代行にすぎず，家族に同意権を付与しているものではないため，不可ということ．それでは，「家族は患者の意思推定ができるか？」については，これもフィクションになる可能性があるということ．したがって，家族の意思を重視することは必要だが，家族の経済的・精神的負担の回避という思惑が入る危険がある．自己決定権という権利行使により治療中止を適法とするのであれば，この

ような事情の介入は,「患者による自己決定」ではなく,「家族による自己決定」となるので否定せざるを得ないと,述べています.

　家族の意思や代理判断の意味を考えるうえで,おおいに参考になる判例だと思います.

3) 家族との面談の仕方

　医療やケアの場面で,私たち医療介護専門家は,ご本人が意思表明できない場合には,「ご家族の方,どうされますか?」「ご家族はどう思われますか?」「ご家族で決めてください」などと,しばしば言うことがあります.しかし,これは法的視点から厳密にいうと,必ずしも正しい問いかけ方ではないようです.

　家族との面談の真の意義は,家族を"通じて",本人の意向や考え方を知ることなのです.もちろん,家族の治療やケアへの協力は,本人にとっても役立つことなので,家族の意向・願望・都合をできる限り尊重することはよいことですが,それが,第一義ではないということです.

　本人が意思表明できないときには,家族が決めることは,必ずしも悪いことではありませんし,実際,家族が決めなければ,臨床の現場は立ち行かなくなります.しかし,その際には,私たち医療ケア専門家は,まず,「こんなとき,ご本人ならばどのようにされるのでしょうか?」「ご本人ならば,どのように考えられるでしょうか?」という問いを,家族に対して投げかける必要があると思われます.

13 「本人が決めること」と「家族が決めること」の倫理的違い

ケース1：家族介護者Mさんの決断
「胃ろうはしないことにしました」

「胃ろうはしないことにしました．でも，一生懸命介護をしました．」

適切な代理判断の手順
「代行判断（本人意思の推定）」

ケース2：家族介護者Kさんの決断
「胃ろうを選択しました」

「お母さんの考えはわからなかったけれど，ずっとお母さんと一緒にいたかったから，胃ろうを選択しました．」

✗ 家族による自己決定
「自分の願望」

> **Point**
> ★「患者本人による自己決定」と,「家族による自己決定」とを明確に区別してください
> ★家族が代理判断する際に,「患者のかつての願望」「患者の価値観に基づいて推測された願望」「患者の最善の利益」と,「家族自身の願望」について,適切に区別できるように支援することが重要です.
> ★家族が意思決定の際の不安や罪悪感に対処できるようにするための支援も大切です.

川崎協同病院事件判決では,「患者による自己決定」と「家族による自己決定」は異なるということを述べていましたが,ここで,2つのケースを使って,「本人が決めること」と「家族が決めること」の倫理的違いについて,改めて考えてみたいと思います.

● **Mさんのケース**:Mさんのお母さんは,アルツハイマー病の終末期です.話すことも動くこともできません.嚥下困難のため,医師から胃ろうを勧められています.Mさんら家族は「人生の最期に直面する,お母さんに代わって家族がする困難な決断」と感じながらも,「お母さんの元気な頃の考え方」と「現在の感情や表情」から,胃ろうはしないことにしました.しかし,一生懸命介護をし,お母さんは穏やかな最期を迎えました.家族は皆満足しています.

● **Kさんのケース**:Kさんのお母さんは,アルツハイマー病の終末期です.話すことも動くこともできません.嚥下困難のため,医師から

胃ろうを勧められています．しかし，Kさんはこんな風にいいました．「お母さんの考えはわからなかったけれど，ずっとお母さんといっしょにいたかったから，僕は胃ろうを選択しました．

それでは，MさんのケースとKさんのケースはいったいなにが違うのでしょうか？　Mさんら家族は，「お母さんの元気なころの考え方」と「現在の感情や表情」から，胃ろうはしないことにしたわけですから，「お母さんの願望や意向を，家族なりに推定」していることになります．それに対し，Kさんのケースでは，「お母さんの考えはわからなかったけれど，ずっとお母さんといっしょにいたかったから，胃ろうを選択した」ということで，家族（Kさん）による自己決定になっています．

Mさんのケースでは，東海大学事件の判決の際に示された3つの要件を満たす『適切な代理判断者』によって，『適切な代理判断の手順』（①事前指示の尊重　②本人意思の推定　③最善の利益判断）のうち，2番目のお母さん本人の願望の推定をするという手順を踏んでいることになります．

一方のKさんのケースは，家族の願望や都合で，「家族による自己決定」になってしまっています．

患者さん本人が意思表明できない場合には，実際，現場では，家族が決めることになるわけですが，その際にも，家族の都合や願望である「家族による自己決定」ではなく，『適切な家族（代理判断者）』が，『適切な代理判断の手順』を踏んで決める必要があるわけです．つまり，本人の意思や願望を，正しく反映しているのかということについて，常に意識的である必要があります．

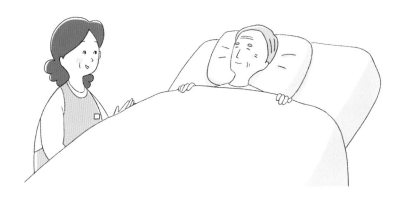

14 「看取りの意思確認」の結論を出すためのプロセスの重要性

適切な代理判断者
①患者の性格・価値観・人生観等について十分に知り，その意思を的確に推定しうる
②患者の病状・治療内容・予後等について，十分な情報と正確な認識
③患者の立場に立ち，真摯な考慮に基づく

適切な代理判断の手順
①事前指示の尊重
②代行判断（患者意思の推定）
③最善の利益判断

> **Point**
> ★「問題なのは結論だけではない.」
> 　「その結論を出すためのプロセスです.」
> ★「看取りの意思確認」をする際に重要なことは,「自然に看取る」のか,「救命処置をする」のかといった結論だけではありません. その結論以上に, 結論を出すためのプロセスが重要です.

1) 結論を出すための「プロセス」の重要性

　終末期の看取りの問題は, それぞれのケースごとに個性・特徴があり, 結論は同じでなくてもよいのです. たとえば「胃ろうがよい」とか「胃ろうがダメ」ということではなく, 問題なのは「その結論を出すためのプロセスなのだ」ということです.

　もちろん結論も適切である必要があるのですが, 結論以上に, 決定するプロセスも重要だということです. 実際には臨床現場は, ケースごとそれぞれ個性があり, たとえば, 患者さんの状態, 本人の意向, 家族の考え方, 周囲の状況などそれぞれのケースによって異なります. したって,「胃ろうがよい・悪い」「蘇生処置がよい・悪い」「人工呼吸器がよい・悪い」という結論事ではなく, その結論を出すために,「適切な意思決定のプロセス」を踏む必要があるということです.

　具体的には, 前章のMさんのケースのように「適切な代理判断者」によって,「適切な代理判断の手順」を踏んだ場合には, 倫理的には正しい判断のプロセスということになります. 結論は「胃ろうをする」になることもあるでしょうし,「胃ろうをしない」ことになることもあるでしょう. しかし, Kさんのケースのように, 息子個人の要望や意向, 家族に

よる自己決定では、倫理的には正しい意思決定プロセスとはいえません。

2) 対話の重要性「その人のためにみんなで考えよう」

そして、「適切な代理判断者」によって、「適切な代理判断の手順」を踏んで決めた場合でも、「対話のプロセス」はたいへん重要です。対話の内容として、医学に関する事項だけでなく、倫理的価値に関する事項の両者が必要です。医学的事項としては、現在の病状・将来起こり得ること・治療法・その治療法による治癒の可能性などに関する情報を適切に伝える必要があります。また、倫理的価値に関する事項としては、「本人はなにを治療目標としているのか」「どのようなQOLを望んでいるのか」などの患者本人の価値観・人生観を十分考慮する必要があります。

対話・話し合いに際しては、医療介護専門家は十分な情報提供・アドバイスを行い、患者や家族が自分で方針を決めるお手伝いをすることになりますので、種々の場面を想定した十分な情報提供・コミュニケーションが重要です。そして、「その人のために」「みんなで考える」という共感をもった姿勢で話し合いに臨むことです。

15

だれが「看取りの意思確認」の話し合いに参加するのか

> **Point**
> ★ 正しい「看取りの意思確認」のためには，医療ケア専門家が適切なアドバイスをすることが必要です．
> 　＊適切な医学的情報をつたえること
> 　＊医療ケア専門家が，それぞれの役割・立場から適切な助言をすること
> 　＊「同輩中の首席（＝キーパーソン）」の役割を支援すること
> 　＊関係者間のコミュニケーションを促進させること
> ★ 終末期医療（＝看取り）に関する指示は，医師の責任で実施します．
> ★ 人の命に関わる「看取り」の決定は，医学的アセスメントを適切にしてから行ってください．
> ★「〇〇という治療をする」という指示と同様に，「〇〇という治療をしない」という指示も医療的指示です．

1）医療ケア専門家は，本人や家族に対して，適切な助言・支援をする

　「看取りの意思確認」は，高齢者の大切な命に関わる決定をすることです．医療ケア専門家は，本人や家族が適切な判断をすることができるように，的確に医学的情報を伝えることが重要です．また，施設管理者・介護者・看護師・医師などが，それぞれの役割・立場から，「生活」や「医療・ケア」に関する助言をします．特に，終末期の延命治療については，その具体的内容だけでなく，「実施した場合」「実施しなかった場合」に起こり得ることについて，わかりやすく説明することが求められます．

　そして，キーパーソンや家族等の関係者が，十分な話し合いを行い，後で後悔しない，納得のいく決定ができるように環境を整備したり，意思決定の支援をすることもたいへん重要です．このような意思決定支援

においては，医療ケア専門家の役割は，本人や家族に代わって決定をするのではなく，十分な情報提供・アドバイスを行い，患者・家族サイドが自分たちで方針を決めるお手伝いをすることになります．家族などの関係者が，その決定に対して，後から後悔したり感情的苦悩に陥ったりしないように支援することが大切です．さらには，医療ケア専門家は，家族の判断や決定が，高齢者本人の願望や価値観からかけ離れていないのかどうか，あるいは真摯に本人のことを慮って判断しているのかどうかについても，話し合いの経過を見守っていく必要があるでしょう．

2)「看取りの意思確認書」作成に関わるメンバー

　本人が意思表明できる場合は，まず「本人」が参加し，意見を述べることが基本です．本人が意思表明できない場合には，[患者家族サイド]では，①本人が指名した代理判断者(Proxy)，②(Proxyがいない場合には)キーパーソンなどの代理判断者，③その他の近親者，が参加します．[医療ケア関係者サイド]では，①施設長，②ケア担当者，③看護師，④医師，⑤ケアマネ，などが関わります．

　「看取り」に関する話し合いの場に，上記の関係者メンバー全員が集まることができない状況もありますし，また，家族の心理面に配慮して少人数の話し合いが好ましい場合もあります．そのような場合には，介護・看護職などの施設の職員が，「看取りの話し合い」の前後にカンファレンスを開催し，本人や家族への支援の方法を話しあっておくことも，よりよい意思決定のために役立ちます．

　それでは，家族と施設長とで話し合い，「看取り」を決めるといった状況はどうでしょうか？　その話し合いには，他のケア職も加わるべきでしょうか？　あるいは，施設長が非医師の場合，「命」に関する決定をし

【A】	家族	施設長			
【B】	家族	施設長	他の施設職員を含んだカンファレンス		
【C】	家族	施設長	他の施設職員を含んだカンファレンス	医師	
【D】	家族	施設長	他の施設職員を含んだカンファレンス	医師	医師によるDNAR指示

図　本人が意思表明できない場合において「看取りの意思確認書」作成に関わるメンバー

てもよいのでしょうか？

　「看取り」とは終末期に延命治療を中止・差し控えたり，あるいは，心肺停止になっても心肺蘇生術を実施しないことを意味します．したがって「看取りの意思確認」が人の命に関わる決定である以上，厳密には，倫理的にも法的にも，医師がその判断に加わる必要があります．看取りの意思確認に関わるメンバーは，上図のパターン【A】【B】ではなく，【C】であることが望ましいといえます．「看取りの意思確認」は，大切な命に関わる決定ですので，多職種のメンバーが，それぞれの立場から，「本人のために考える」という姿勢が大切です．

　また，終末期医療に関する意思決定においては，介護専門家や医療専門家が，最終判断者になることは，パターナリズムへの反省の視点からも好ましくありません．あくまで，高齢者本人・家族サイドが意思決定の主体となるべきです．なぜなら，医療介護専門家が，医療やケアの内容について誘導・決定した場合には，患者さんの自己決定の権利はお題目にすぎなくなってしまうからです．（p.40参照）

3)「看取り」における医師の役割:「医療をしないで看取るという指示」も「医療をするという指示」と同様に医師による医療的指示(オーダー)である

　「看取り」の場面では,前述のごとく,延命治療を差し控えたり,心肺停止時に蘇生をしないことになります.そして,「〇〇という治療をする」という医療的指示と同様に,「〇〇という治療を**しない**」という指示も医療的指示です.たとえば,「熱が出たら点滴をする」という医師によるオーダーと同様に,「熱が出ても点滴をしない」というオーダーも,医師による医療的指示だということです.特に「看取り」は人の命に関わる「延命治療をしない」「蘇生処置をしない」という指示ですから,原則として,医師による指示が必要です.

　日本の介護施設においては,死亡診断書を書くために医師が必要だということがしばしばいわれていますが,医師が果たすべき役割はそれだけにとどまらないはずです.介護施設の医師には,もっと積極的に「看取りの意思確認のプロセス」に関わることが求められています.現在の病状の適切な評価と,本人や家族に対する充分な医学的情報提供,本人や家族の意向の確認およびその適切性の評価,それらを決定するための話し合いの場における助言など,「看取りの意思確認」に加わるという以上に,医療の専門家として,より積極的に関与することが求められます.

　医療においては,ひとつのケースについて,医学的診断・治療・予後などが重要であると同様に,倫理的に考慮すること,たとえば,患者さんの価値観や人生観,望む治療のゴールについて適切に考慮することは,欠かすことのできない重要な医療の要素です.したがって,高齢者ケアに関わる介護施設の医師は,「看取りの意思確認」のプロセスにおいて,医学的判断だけでなく,患者さんや家族の物語り(ナラティヴ)から導かれる倫理的側面についても考慮する姿勢が大切です.

そして，さらに，施設の医師には，次項のごとく，「看取りの意思確認」の後，「DNAR指示」を書くという役割が待っています．

4）「看取りの意思確認書」から「DNAR指示」へ

介護施設の担当医師は，「看取りの意思確認」が関係者皆の合意の基になされた後に，DNAR指示作成に関わることが望まれます．

DNAR（Do Not Attempt Resuscitation；蘇生不要）指示は，「心肺停止（CPA）になっても蘇生をしないという医師による指示」を意味します．現在では，日本中の多くの急性期病院において，毎日のように出されている指示（オーダー）ですが，施設における看取りも，このDNAR指示と無関係ではありません．「看取る」ということは，心肺停止になっても，そのまま蘇生処置をしないということですので，まさにDNAR指示そのものであるといえます．施設における「終末期の意思決定の手続き」を密室にしないためにも，今後の熟慮を要する重要な課題です．

DNAR指示は，心肺蘇生術（CPR；Cardio Pulmonary Resuscitation）をしないという指示ですが，現在では，CPR以外の医療処置についても，POLST（Physician Orders for Life Sustaining Treatment；生命維持治療に関する医師による指示）という形で，医師による指示が出されています．本書の第24章に，日本臨床倫理学会によるDNAR指示の【書式】【ガイダンス】が載っていますので，参考にしてください．DNAR指示（POLST）を書く医師であればだれでも，書式を日本臨床倫理学会のホームページよりダウンロードできます（http://www.j-ethics.jp）．（第24章参照）

日本の介護施設におけるDNAR指示作成は，今後の課題ですが，アメリカでは，ノースダコダ・ミシシッピ・ミネソタ州以外の47州で法制化されたDNAR（POLST）法があります．また，メディケイドを受給して

いる介護施設は，入所者に事前指示やDNAR（POLST）について伝えなければならないという連邦法（42U.S.C.A §1395cc(f)）もあります．このようにDNAR指示が法制化されているといった事情の違いはありますが，たとえば，オレゴン州ではDNAR指示（POLST）の使用率は，ホスピス100％，ナーシングホーム95％であるとの報告があります．

また，今後，DNAR指示（POLST）は，救急隊への指示としても欠くことができないものとなるでしょう．高齢化の進展により，高齢者施設からの救急要請が年々増加傾向にあります．これらの救急要請では，重症例が多いにも関わらず，書面や口頭で「緊急時に積極的な処置を望まない（DNAR）」と意思表示される場合がしばしばあるようです．しかし，救急隊は，消防法第2条9項により傷病者を医療機関その他の場所に搬送するとともに，適切な応急処置を行うことが業務とされていることから，現場での対応にしばしば苦慮しています．それは，その「延命治療を望まない（DNAR）」が，本当に適切につくられたのか，そのまま信じてよいのかどうか，判断できないケースもあるからといった理由からです．

したがって，今後，適切なプロセスで「看取りの意思確認書」や「DNAR蘇生不要指示」が作成されることが望まれます．

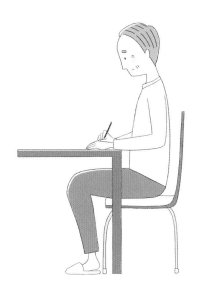

16

「看取りの意思確認」の手続き（プロセス）を公正にするために

意思決定の「手続き的公正性」

密室の決定になってないのかな？

「十分なコミュニケーション」
「透明性」
「中立性」

> **Point**
> ★「看取りの意思確認書」作成の手続きを公正にするためには，以下に留意することが必要です．
> ①十分なコミュニケーション（協働的意思決定プロセス）
> ②透明性
> ③中立性

　正しい「看取りの意思確認書」を作成するためには，意思確認の「手続き的公正性」に配慮することが必要です．「手続き的公正性」確保のためには，①十分なコミュニケーション，②透明性，③中立性，に留意することが必要です．

1) 十分なコミュニケーション

　まず，命に関わる重大な決定は，独断にならないことが重要です．そのためには，各自の主観や直観，経験に頼りすぎてはいけません．もちろん，経験が豊富で人格も備わっている人の直観による倫理観は正しいことも多いのですが，命に関わる重大な決定は，あわてて1人で決めないことが肝要です．

　そのような意味で，協働的意思決定プロセスは非常に重要です．「キーパーソン（代理判断者）をだれにするのか」「終末期の延命治療はするのか，差し控えるのか」などの看取りの方針について，家族との話し合いの場や，職場でのカンファレンスの機会を設けます．このように関係者が充分なコミュニケーションを取ることによって，多くの人の異なった意見や視点を取り入れることができます．まず，事前指示を通じて本人の意向・願望を確認します．その後家族・近親者の意見を集めます．そ

して，それらを基にして，医療ケアチームが職場のカンファレンスをもつことになります．

しかし，残念ながら，この職場のカンファレンスにおいても，それぞれの施設の集団的思考ともいうべきものが存在することがあります．この集団的思考（ある意味で集団による偏見）には，「高齢だから…」「齢にとって不足はない…」といった Ageism や，「認知症だから…」といった Dementism などがありますが，これらの偏見に陥らないためにも，公正な視点をもつようにしたいものです．

2) 透明性

密室の決定にならないように，透明性を確保することが必要です．そのためには，話し合いの経過・決定理由を適切に記録しておくことが大切です．だれが，いつ，なにをいったのかについて，後でだれがみてもわかるようにしておいてください．

3) 中立性

もし，特定の人の意見だけが強調されたり，関係者間で意見がまとまらない場合には，中立的第三者の意見を聞くなどして，中立性に留意することが必要です．話し合いの際に，全員が平等に意見がいえる環境を整えることも大切です．

また，医学的判断に不確実性が伴う場合には，担当医以外の（少なくとも1人以上の）他の医師の意見を聴取したり，必要があれば，さらなるセカンドオピニオンを聴取することも大切です．

そして，終末期医療ケアのガイドラインに沿って，話し合いを進めることも中立性に留意することになります．厚生労働省の「終末期医療の決定

プロセスに関するガイドライン」は法律ではありませんが，ソフトローとして，看取りに関わる医療ケア専門家はそれに従う必要があります．

17 関係者間で意見が異なるときの解決方法

③ 家族と医療ケアチーム とのコンセンサス

① 家族内
家族内における
コンセンサス

② 医療ケアチーム
医療ケアチーム内における
コンセンサス

意見の不一致が
生じた場合

倫理コンサルテーション

倫理的ジレンマに悩んだとき，不安を軽減したり，対立を解決する糸口をあたえてくれるよ!!

- "何をすべきである"という指示をするものではない
- ケアの内容を批判するものではない
- 依頼者が，自分で決定できるように支援・アドバイスする
- 本人や家族に代わって，決定するものではない

> **Point**
> ★よりよい「看取り」をするためには,「看取りの意思確認書」作成の段階から,関係者間のコンセンサスを得ておくことが大切です.
> ★関係者間で,意見の不一致がある場合には,中立的助言をしてくれる倫理コンサルテーションが役立ちます.

1) 関係者のコンセンサスを得る

家族・医療ケア専門家両者が,看取ったあとに,心の平穏や看取りの満足感を得るためには,看取りの意思確認書作成の段階で,関係者間でコンセンサスを得ておくことが重要です.

看取りは,命に関わる重大な決定になりますので,後で,意見の不一致がしこりとなり,内部告発という不本意な結末をむかえることもあります.実際,多くの終末期医療ケアに関する裁判は内部告発が契機となっています.このような内部告発は,職場内での信頼関係をそこね,不穏な雰囲気を醸し出し,そのしわ寄せは高齢者に行くことになりますので,できる限り避けたいものです.

したがって,事前に関係者間のコンセンサスを得ておくことが望ましいといえます.それらには,①家族内におけるコンセンサス,②医療ケアチーム内におけるコンセンサス,③家族と医療ケアチームとのコンセンサス形成があります.

2) 意見の不一致(コンフリクト)の解決方法:倫理コンサルテーション

ここでは,意見の不一致(コンフリクト)が生じた場合に,それらの解決に役立つ手段である倫理コンサルテーションについて紹介しておきま

しょう．海外では，医療機関だけでなく，介護施設においても，倫理コンサルテーションが，実際の現場で生じた倫理的問題・倫理的ジレンマを解決するために大きな役割を果たしています．今後は，日本においても，このような倫理的ジレンマに対処する方法が普及することが期待されています．

　倫理コンサルテーションとは，日常ケアや終末期ケアなど，医療や介護の実践の現場において生じたさまざまな倫理的問題について，関係者間で意見の不一致や衝突があったりして，悩んだりコンフリクトが解決できない場合に，困っている人が（これは医療ケア専門家でもよいし，ご本人でもよいし，家族でもよいわけですが），倫理コンサルテーションを依頼して，中立的第三者である倫理専門家による助言を受けることをいいます．大雑把にいいますと，皆さまがよく耳にする倫理委員会の小規模バージョンと思っていただいても大きな間違いはありません．あるいは，皆さまがしばしば行っている事例検討会に，倫理や法律の専門家が参加し助言やアドバイスをするものだと理解していただいてもよいと思います．

　倫理コンサルテーションの役割は，「倫理的ジレンマに悩んだとき，不安を軽減したり，対立を解決する糸口を与えてくれる」ものです．したがって，"なにをすべきである"という指示をするものではありませんし，ましてや，医療やケアの内容を批判するものでもありません．そして，本人や家族に代わって，決定するものではなく，依頼者が，自分たちで決定できるように支援・アドバイスするためのものです．しかし，実際は，ある程度の解決策につながる提案（Suggestion）は必要ということになります．

　今後，日本中の医療機関や介護施設において，このような倫理コンサ

ルテーションで助言をすることができる人材を養成することも，より良い医療ケアを提供するために急務の課題ですので，日本臨床倫理学会は人材養成のための研修会を開催しています．

18 「看取り」に際して医学的アセスメントは充分か？

高度認知症があり，最近食欲不振のAさん・Bさん・Cさん

本当に終末期なのか？

治療は無益なのか？

Aさん
家族の要望どおり，そのまま看取り，3週間後に死亡

Bさん
腰椎の圧迫骨折の治療をして元気になった

Cさん
大腸がんによるイレウスの応急治療で少し元気を回復

> **Point**
> ★ いざ,「看取り」のステージに入るときには,「看取りの意思確認書」が既にあっても,もう一度立ち止まって,本人の病状について,「看取ってもよい病態かどうか」を再評価してください.
> ★ 以下の点について,再検討してください.
>   ① 医学的状況は変化するので,「その時の」医学的状況を明確にし,評価する
>   ② 入所時の「看取りの意思確認書」を作成した時点と,病態は変化していないか？
>   ③ 治癒可能な突発的病態ではないか？

　いざ,「看取り」のステージに入る際には,「看取りの意思確認書」があるとしても,もう一度立ち止まって,ご本人の病態について,再評価をしてください.

　病状の悪化時あるいは急変時に,「治る病気か」「治らない病気なのか」を適切に見極めないで,ただ「看取りの意思確認書」があるからといって,そのまま看取るということがあってはなりません.もし,治る可能性のある病気なのに,なにも治療しないで,そのまま看取ってしまったとすればどうなのでしょうか？　介護施設に居住する高齢者にも,他の人々と同様に,適切な医療を受ける権利はあります.それは,なにも若い人とすべて同じ濃厚な医療が,高齢者に必要であるということではありません.「そのときに」「その状況下で」「その高齢者にとって」ふさわしい医療やケアがあるということです.

　そのようなわけで,介護施設においても医学的アセスメントを適切に実施することはたいへん重要なことです.看取りのステージに入る際に

は，担当医を中心として，「看取ってもよい医学的状況かどうか」を再評価してください．医学的状況は常に変化しますから，「その時点での」医学的状況を明確にし，再評価することはとても大切です．入所時の「看取りの意思確認書」を作成した時点と，病態は変化していないか？ 治癒可能な突発的病態が起きているのではないか？ などについてアセスメントしてください．

また，入所時の看取りの意思確認の際にも，①あらゆる病状悪化や急変に対して救急搬送や心肺蘇生術・延命治療を実施しないのか，②不測の病状悪化や急変が起こった場合には，救急搬送や心肺蘇生術・延命治療を実施するのかについて，よく話し合って，確認しておくとよいでしょう．

【①あらゆる病状悪化や急変に対して救急搬送や心肺蘇生術・延命治療を実施しない場合】とは，元々の患者の原疾患自体がターミナルであるため，不測の別な原因で病状悪化が起きたとしてもさらなる治療を望まないといったケースが想定されるでしょう．

【②不測の病状悪化や急変が起こった場合には，救急搬送や心肺蘇生術・延命治療を実施する場合】とは，原疾患から予測される病状悪化や急変に対しては，さらなる治療を実施しないが，不測の別な原因が考えられる場合には，治療を実施するといったケースが想定されるでしょう．

1) 認知症の摂食不良のケース

高齢者は，終末期になると，しばしば食欲不振になったり摂食不良になったりします．ここでは，認知症の病態がほぼ同じAさん・Bさん・Cさんのケースを比べて，医学的アセスメントを適切にすることの重要性について考えてみましょう．

● ケースA

『78歳Aさんはアルツハイマー病です．尿便失禁がありますが，1か月くらい前までは，廊下をゆっくり自分で歩いて，食堂まで行っていま

した．しかし，ここ最近元気がなく，食欲もありません．ケアスタッフ会議で「そろそろお迎えがくるかもしれない」「家族をよんで，"看取り"について話をしておかなければ…」と話し合っています．』

【その後の経過】

家族と話し合いを行い，家族も，自然な形で"看取ること"を望んでおり，ケアスタッフも同じ気持ちで一生懸命ケアを行い，Aさんは，3週間後に穏やかな最期を迎えました．家族も感謝し，ケアスタッフも満足しています．

● ケースB

『78歳Bさんはアルツハイマー病です．尿便失禁がありますが，1か月くらい前までは，廊下をゆっくり自分で歩いて，食堂まで行っていました．しかし，ここ最近元気がなく，食欲もありません．ケアスタッフ会議で「そろそろお迎えがくるかもしれない」「家族をよんで，"看取り"について話をしておかなければ…」と話し合っています．』

【その後の経過】

看護師が，Bさんが体位交換を嫌がることに気づき，病院での検査をしたほうがよいと提案しました．その結果，Bさんは，第3，第4腰椎の圧迫骨折があり，その痛みのために元気がなく，食欲がないことが判明しました．その後，病院での治療が終わり，現在は元気になりました．

● ケースC

『78歳Cさんはアルツハイマー病です．尿便失禁がありますが，1か月くらい前までは，廊下をゆっくり自分で歩いて，食堂まで行っていました．しかし，ここ最近元気がなく，食欲もありません．ケアスタッフ会議で「そろそろお迎えがくるかもしれない」「家族をよんで，"看取り"について話をしておかなければ…」と話し合っています．』

【その後の経過】

　看護師が，Cさんのお腹が張っていることに気づき，病院での検査をしたほうがよいと提案しました．その結果，Cさんは，大腸がんがあり，そのイレウスのために元気がなく，食欲がないことが判明しました．その後，病院での応急処置（姑息的治療）が終わり，現在は，少し元気になりました．

2)「終末期である」という診断が適切になされていないと，運命が変わってしまう

　さてここで，上記の3つのケースについて，もう一度，立ち止まってよく考えてみてください．Aさん・Bさん・Cさん，共に「アルツハイマー病で，尿便失禁があり，1か月くらい前まではゆっくり歩けたのですが，ここ最近元気がなく，食欲もなく，「そろそろお迎えがくるかもしれない」「家族をよんで，"看取り"について話をしておかなければ…」と話し合っていたわけです．

　しかし，「終末期であるという診断」や「医学的アセスメント」が適切になされていないと，この3人のように運命が変わってきてしまうことになります．

　Aさんの場合には「看取ってしまった」わけですし，Bさんの場合には，腰椎の圧迫骨折の治療によって痛みがとれて軽快して，食べられるようになったわけですし，Cさんの場合には，大腸がんによるイレウス腸閉塞の治療で小康状態になったわけです．

　Aさんも，もしかしたら，適切な診断やアセスメントがなされて，適切な治療を受けていたとすれば，すぐには死ななくてすんだかもしれません．

3)「終末期である」という診断には,「なぜ食べられなくなったのか」について適切にアセスメントすることが重要

　高齢者が「元気がない」「食欲もない」場合には,「そろそろお迎えがくる」と考えられがちですが,介護者の直観(直感)や経験だけから,「そろそろお迎えがくる」と決めつけてはいけないということです.ぜひ,そこで「待てよ!」と一度,立ち止まって,医学的アセスメントについて考えてください.

　このように,高齢者がしばしば陥る「食べられない」という状況については,即,「終末期である」と推測しないで,「なぜ食べられなくなったのか」について適切に診断・医学的アセスメントすることがたいへん重要です.実際,上記のBさん・Cさんのケースのように摂食不良の原因疾患の治療をすることによって,症状が改善することもあります.

　また嚥下障害の場合でも,嚥下リハビリテーションによって改善する可能性のあるものも多くあります.好みのメニューを工夫することをはじめとして,食べ物の形態,嚥下姿勢,ベッドのリクライニングの角度などを工夫して,もう一度食べられるようになる試み・努力をしていただくことが大切です.実際,「食べられないから終末期だ」と判断されていたケースで,結果的に正確な診断は,嚥下機能の廃用萎縮だったということで,嚥下リハビリテーションによって回復したケースもしばしば見受けられます.

　したがって,「摂食不良・嚥下困難の病態・原因を適切に評価すること」,すなわち,「食べられないこと」は「可逆的か? 不可逆的か?」あるいは「治癒可能か? 治癒不可能か?」ということについて適切に医学的アセスメントをすることが非常に大切だということです.

それでは，Aさんのケースにもどって，もう一度考え直してみましょう．Aさんのケースは，元気がなく，食欲もなく，「そろそろお迎えがくるかもしれない」と，家族を施設によんで，"看取り"について話し合いを行い，家族も「自然な形での施設での看取り」を希望して，3週間後に穏やかに亡くなったケースでした．

　Aさんは「1か月くらい前までは，廊下をゆっくり自分で歩いて，食堂まで行っていました．「しかし，ここ最近元気がなく，食欲もない」ということは，まず，経過があまりに急だと気づく必要があります．アルツハイマー病の悪化による嚥下障害にしては，あまりに経過が早すぎます．したがって，Aさんに，なにか新しいこと（病気）が起こっている可能性があるわけです．その「なにか新しいこと」について，的確なアセスメントが必要だということになります．そのアセスメントがなされていなかったために，Bさん・Cさんとは違い，Aさんは死亡という結果になってしまった可能性もあるわけです．

　「元気がなく」「食欲もない」から「そろそろお迎えがくる」と短絡的に決めつけないで，関係者全員で医学的アセスメントについて立ち止まって考えてみてください．日常の多くの看取りに，あまりに慣れすぎて，それが日常的な仕事になってしまうと，これはしばしば陥りやすい間違いとなります．

4）下血のケース

　施設に居住している高齢者の多くは，認知症だけでなく，他の内科的疾患，たとえば癌・心臓病・呼吸器疾患，さらにはロコモーティブシンドロームといった運動器の疾患などを合併していることがしばしばあります．実際，認知症そのもので亡くなるのではなく，他疾患によって命

を奪われることがほとんどです．しかし，「認知症だから…」「高齢だから…」という先入観や偏見で，適切な治療を受ける権利を奪われているケースも見受けられます．これには先述の「Ageism」年齢による差別と同様に，「Dementism」認知症による差別といった問題が含まれています．

それでは，内科的疾患を合併した「下血のケースD」を見てみましょう．

● **ケースD**

『82歳Dさんは，グループホームに入所中です．入所時には，認知症以外には特記すべき疾患はありませんでしたが，家族との話し合いで「看取りの意思確認」がなされ，グループホームで看取ることになっています．ある日，下血（黒いタール便）がありました．介護スタッフは，「もしかしたらなにか病気があるのかもしれない」と思いましたが，Dさんに検査を受けさせるのもかわいそうだと思い，また家族から看取りの意思確認もとってあることから，そのままよいケアを続けることにしました．Dさんは1か月後に，苦しまずに亡くなりました．家族も感謝しています．』

一見，なにも問題がなく，本人も，家族も介護スタッフも皆，満足している看取りに見受けられます．確かに，高齢のDさんに検査を受けさせるのは可哀想にも思えます．また，結果として，検査を受けても受けなくても，経過や予後は同じだった可能性もあります．実際，Dさんには黒色タール便がありましたから，消化管出血の可能性があり，たとえば胃がんや大腸がんがあった可能性もあります．その場合，もしかしたら，手術などの侵襲的治療の適応がなく，精査をしても，しなくても結果は同じだったのかもしれません．

しかし，この下血が，もし胃潰瘍からの出血が原因だったとすればどうでしょうか．「ストレス性の胃潰瘍」，そして，もしかしたらグループ

ホームでの生活がDさんのストレスの原因だったとしたなら，どうでしょう．ケアスタッフが思いもよらないことが，本人のストレスの原因になっていることもあります．胃潰瘍からの出血であれば，比較的たやすく，病気は軽快・治癒する可能性があったことになります．容易に治癒する可能性のある病気を治療しないことは，医療ネグレクトになってしまうことさえあります．

　残念ながら，このケースでは，適切な医学的アセスメントがなされていなかった可能性があります．ケアスタッフは，医学的アセスメントの必要性に気づかなかったか，あるいは，経験的・独善的にアセスメント不要と判断してしまい，献身的な日常ケアのみを実施して，そのまま看取る結果となりました．しかし，やはり，Dさんに負担をかけない程度には，原因について検査すべきではなかったのか，あるいは，少なくとも，精査の必要性について意見を交換し，話し合いをもつべきだったのではないかと思われます．

　これは，医師から適切なアドバイスを受け，医学的アセスメントをするために，ケアスタッフが立ち止まって考えてみる必要があったケースといえます．

5) 透析のケース

● ケースE

『Eさんは72歳の男性です．現在，急性期病院に入院して，週3回の透析を受けています．寝たきりの状態で，意思表示をすることもできません．Eさんは，近いうちに私たちの介護施設に入所の予定になっています．その際には，家族・急性期病院・施設長との話し合いで，入所後には透析を差し控えることになっています．このEさんの話を聞いて，

ケアスタッフは，日々，ままならない想いを巡らせています．』

　これは，あるケアスタッフの生の声です．

　透析は，中止したり差し控えることによって，比較的早期に死につながりますので，関係者にはかなり切実な問題だと思います．感情的にも，「透析中止が原因で死亡した」という苦悩が伴います．このケースは，医学的アセスメントだけでなく，倫理的にも，本人意思の尊重や，家族の代理判断について多くの問題点を含んでいるといえます．いままでの章や，日本透析医学会の「慢性血液透析療法の導入と終末期患者に対する見合せに関する提言」を参照しながら，施設のカンファレンスなどで，関係者全員でいっしょに考えてみてください．ひとりではなく，職場の仲間とともに考えることが，今後のよりよい「看取りの意思確認」につながります．

19

終末期の医療ケアに関する本人の願望を示す「事前指示書」

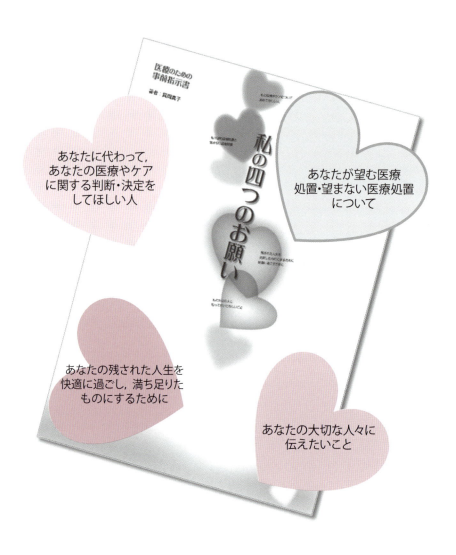

> **Point**
> ★ 事前指示の有用な理由
>   ① 本人；自己決定の権利の尊重になる
>   ② 家族；根拠なく憶測することの感情的苦悩の軽減
>   ③ 医療ケア専門家；延命治療をしないことへの法的責任の軽減
>   ④ 有用なコミュニケーションツールとなる
> ★ 『私の四つのお願い』
>   お願い(1)；代理判断者の指名
>   お願い(2)；望む医療処置・望まない医療処置
>   お願い(3)；残された人生を快適にすごし,満ち足りたものにするために
>   お願い(4)；大切な人々に伝えたいこと
> ★ 将来の病状の予測が的確にできない場合には,本人の最も信頼する「代理判断者」を指名することが役立ちます.
> ★ 「事前指示」は関係者と十分にコミュニケーションを深めて作成し,定期的に再評価してください.

　いざ本人に看取りの意思確認をしようとしても,高齢者施設では,本人が意思表明できないことがしばしばあります.

　本人に意思能力がある場合には,自分の受ける医療やケアについて自己決定できることが,倫理的にも法的にも保障されていますが,本人に意思能力がない場合には,「家族等の他者による代理判断」が行われます.この代理判断において,自分の意思や願望を尊重してもらえるように「事前指示」をしておくことが,本人の自己決定尊重の理念からも,役立つことになります.また,代理判断する家族も,本人の意向や願望,想いがわかっていると,今後の方針決定がより適切にできるようになり,看取り後における後悔や苦しみが少なくなり,看取りの満足感を感じることができます.

このように，本人が書いた「事前指示」を参考にして，「看取りの意思確認書」を作成することが，高齢者本人・家族等の関係者・医療ケア専門家にとって，たいへん役に立つことになります．
　以下，著者らが普及活動を行っている事前指示書『私の四つのお願い』を例にとって，事前指示について説明します．第7章，10章も参照にしながら読んでください．

1) 事前指示が有用な理由

　事前指示が有用な理由のまず1番目は，高齢者本人にとっては，ご本人の価値観や自己決定の権利を尊重することになります．2番目に，家族にとっては，本人の考え方がわからない場合には，ただ単に，根拠なく憶測しなければならなくなってしまいますが，そのような憶測することに対する心理的苦悩や感情的苦痛を軽減することになります．また3番目に，医療介護専門家にとっては，本人の事前の意思があるのとないのとでは，治療を中止したり差し控えたりした場合の，法的責任の程度が異なってきます．
　さらに4番目として，特に強調したい点は，事前指示は有用なコミュニケーションツールになり得るということです．事前指示書を作成するプロセスそのものが，医療ケア専門家と，患者さんや家族とのコミュニケーションを促進させ，本人の生き方に共感しながら寄り添うことに貢献できるということです．事前指示を作成するということは，「その人の人生の最期の生き方」を決めるということに他ならないことであり，事前指示作成のプロセスにおけるコミュニケーション・対話を通じて，関係者全員が，さらなる信頼関係を構築することができます．

2) 事前指示の目的

　私たちの人生には，自分自身ではどうすることもできない病気や死などの苦難・苦しみがあります．この『私の四つのお願い』の冊子は，「あなたが重い病気に罹り，自分の意思を伝えることができなくなったときに，どうしてほしいのか」ということを，家族をはじめ，あなたの親しい人々に伝えることをお手伝いします．

3) 事前指示は生きることを大切にしたいと願っています

　事前指示書『私の四つのお願い』は"死ぬこと"に重きをおいているのではありません．あなたの尊厳を守り，あなたの残された日々を平穏で満ち足りたものにするために，"生きること"を大切にしたいと願っています．"Aging with Dignity"尊厳をもって，齢を重ねることを願っているのです．

　現在，日本において，医療に関する事前指示書である『私の四つのお願い』に法的強制力はありませんが，ほとんどの医師をはじめとする医療介護専門家は，"あなたの四つのお願い"がどのようなものであったとしても，それらに耳を傾けなければならないということを知っています．

4) 事前指示書『私の四つのお願い』の内容

　"あなたが重い病気に罹り，自分の意思を伝えることができなくなったとき"，

　①あなたに代わって，あなたの医療やケアに関する判断・決定をしてほしい人，

　②あなたが望む医療処置・望まない医療処置について，

　③あなたの残された人生を快適にすごし，満ち足りたものにするために，どのようにしてほしいのか，

④あなたの大切な人々に伝えたいこと,

という,具体的な4つのお願いから成り立っています.

【お願い1】は,医療ケアに関する代理判断者の指名です.

【お願い2】は,医療ケアの内容についての指示で,リビングウィルに相当します.延命治療の差し控え中止(＝看取り)の選択肢だけでなく,その人らしい生き方を尊重するために「私は延命治療を受けたい」という選択肢もあることが重要です.

【お願い3】には,たとえば以下のような選択肢があります.

☐ 私は"苦痛"のある状態を望みません.私は主治医に対して,たとえそれによって朦朧状態や意識低下に陥るとしても,苦痛を和らげるための十分な処置や投薬を望みます.

☐ 私の知人・友人などに,私が病気であることを伝えてください.そして私の元に訪れるよう頼んでください.

【お願い4】には,たとえば,以下のような,人生の最期に,自分の心を開いて,大切な人々と対話をするきっかけになることができる選択肢があります.

☐ 私は,家族や友人たち,その他の人々を傷つけてしまったことがあります.そのことについて私を許してほしいと思います.

☐ 私の人生の思い出が,皆さまに"悲しみ"ではなく,"あたたかい想い出"となることを望みます.私は,皆さまのお陰で幸せでした.皆さまに心から感謝しています.

5) 代理判断者を指名することの重要性;「そのときの」「その本人にとっての」「最善の利益」を考える

事前指示書を作成する際には,代理判断者を指名しておくことがたい

へん重要です．もし，将来の病状の予測が的確にできない場合，医療内容の指示であるリビングウィルには，不安がつきまとうことになります．そこで，自分の自己決定の権利を行使する，より実践的な方法として，自分のもっとも信頼する代理判断者を指名しておくことが重要になってくるのです．つまり，ここで忘れてはいけないたいへん重要なことは，その患者さんは，かつて意思能力が正常だったときに，その代理判断者を，自分自身の最善の利益のために信頼して選んでいるという事実です．

　したがって，事前指示書『私の四つのお願い』のなかでは，このようにいっています．『医療についての事前指示を書くにあたって，将来の身体的に衰弱してしまった自分にとって不利な決定をしてしまうのではないかと心配する方もおられるでしょう．しかし，あなたが指名した代理判断者は，あなたの変化した身体状態や周囲の状況，あるいは医学の進歩を考慮して，「そのときの」「あなたにとって」「もっともよい決定（最善の利益判断）」をしてくれるはずです．事前指示のなかに，その旨，書き添えておいてください．』

6）事前指示作成における留意点

　さらに，事前指示書作成にあたっての留意点として，以下のことがあります．

　（1）まず，事前指示書『私の四つのお願い』は，すべてを記入できなくても大丈夫です．現時点では，書けることだけ書いてください．あなたの考えや気持ちを，家族をはじめとする親しい人々に伝えることができるように記載してください．

　（2）そして，人の気持ちは揺れ動くものですし，また周囲の状況や病状によって変化しますので，あなた自身の気持ちが変わった場合には，事

前指示書『私の四つのお願い』を書き直してください．また，定期的に見直していただくとよいと思います．

（3）また，私たちはひとりで生きているわけではありません．家族をはじめ，たくさんの人々に囲まれて生活しています．したがいまして，事前指示書『私の四つのお願い』を記載するときには，それらの人々とできる限りよく話し合ってコミュニケーションを深めてください．

20 「看取りの意思確認書」の最終確認

「看取りの意思確認書」に記載が必要な項目

★ 署名；本人，または代理判断者
★ 作成年月日
★ 話し合いの参加者
★ 「看取りの意思確認」の根拠；
　■ 患者自身の要望
　■ 患者の事前意思や推定意思
　■ 家族等の話し合いによる代理判断
★ 強要・強制・欺瞞・不当な影響下などになかったこと
★ 上記を証明する証人の署名

> **Point**
> ★ 「看取りの意思確認書」の具体的内容について記入が終わった後，この書類が適切なプロセスで作成されたことを最終確認してください
> ★ 「看取りの意思確認書」の根拠は適切ですか？
> ★ 「看取り」の決定に際して，本人あるいは家族（代理判断者）に対して，強要・強制・欺瞞はなかったですか？

　「看取りの意思確認書」には，各施設によってさまざまな書式があると思いますが，書類作成後に，以下の項目を最終確認してください．

1) 署名；本人，または代理判断者
　本人に意思能力があれば，本人が署名をします．本人に意思能力がない場合には，代理判断者が署名をします．その際には，代理判断者と本人との関係，およびその代理判断者が，本人が指名した代理判断者（Proxy）か，本人指名でない代理判断者（Surrogate）かを記録しておくとよいでしょう．

2) 作成年月日
　作成年月日の記入は忘れてはいませんか．「看取りの意思確認書」は，一度作成したら終わりというわけではありません．今後の，身体状態や病状の変化，あるいは医学の進歩や周囲の状況の変化などに応じて見直す必要がありますので，初回作成日を必ず記入してください．

3）話し合いの参加者

だれが「看取りの意思確認」の話し合いに参加したのかを記入してください．本人および家族サイドではだれが参加したのか，また，医療ケアサイドではだれが話し合いに参加したのかを明確にしておきます．もし，これらの関係者のなかで，意見の不一致があった場合には，そのことも記録しておくとよいでしょう．

4）「看取りの意思確認」の根拠

施設での看取りが決定した場合，あるいは他の選択肢になった場合の理由・根拠を記入します．

□ 本人自身の要望
□ 本人の事前意思や推定意思
□ 家族等の話し合いによる代理判断

上記のなかから選択できる場合は，それに印をつけてください．さらに複雑な理由であれば，具体的に記入をします．

5）強要・強制・欺瞞などの不当な影響下になかったこと

「看取りの意思確認書」作成において，署名した本人あるいは代理判断者が，健全な精神状態にあり，意思能力を有し，強要・強制・欺瞞などの不当な影響下になかったことが必要です．特に，関係者間で利益相反や意見の不一致があった場合には，よく検討してください．

6）不当な影響下になかったことの証人

上記「強要・強制・欺瞞などの不当な影響下などになかったこと」を証明する人の署名をもらっておくとよいでしょう．本来であれば，この

ような立ち合い人（証人）は，家族や本人に医療やケアを提供する人以外の第三者が望ましいのですが，なかなか関係者以外の証人を得ることが難しい場合には，本人との関係や職種を明確にしておくとよいでしょう．

21
定期的な再評価（再確認）の必要性

「看取りの意思確認」の
再評価（再確認）が必要な場合

> **Point**
> ★「看取りの意思確認」は，定期的な再評価(再確認)が必要です．
> ★決定内容は，本人の身体状態や病状，周囲の状況，医学の進歩によって変化する余地があります．
> ★関係者の揺れ動く気持ちにも，配慮してください．
> ★以前「本人が決定したこと」「家族が決定したこと」が，現在の「本人の最善の利益」に合致しない可能性がある場合には，特に慎重に話し合ってください．

　「看取りの意思確認」の内容については，身体状態，病状，周囲の状況，医学の進歩などによって，変化する余地があります．また，人の気持ちは揺れ動くものですので，「その時の」「その人にとって」「もっともよい決定（最善の利益判断）」となるように，再評価・改訂をしてください．

　「看取りの意思確認書」は，以下の場合に，再評価および変更・更新をしてください．

- 定期的に見直す；「看取りの意思確認書」作成後にも，本人あるいは家族と定期的に話し合うことが大切です．初回の話し合いの際に，ご本人の病状に応じて，次回の再評価の時期を決めておくとよいでしょう．
- 意思能力のある本人による申し出
- 意思能力のない本人の，家族による申し出
- 医師・看護師などのスタッフによる申し出
- 本人が，別な医療機関や介護施設に移るとき
- 本人の病状が変化（悪化・好転・急変）したとき

　本人が終末期に近くなってくると，本人だけでなく，家族も，病状の変化によって感情的に不安定になることがしばしばあります．このよう

な揺れ動く想いに配慮しながら,「看取りの意思」について再評価してください.

また,遠くの関係者（親族）が出現し,最初の「看取りの意思確認」の決定内容に異議を唱える場合もあるでしょう.

特に,以前決定した「看取りの意思確認」の内容が,現在の本人の「最善の利益」に合致しないと思われる場合には,熟慮が必要です．家族に対して充分に,現在の病状や医学的状況を説明し,「なにが,現在の,その人にとって,もっとも最善か」を,家族が本人のために真摯に判断できるような環境を整備してください.

22 高齢者の慢性疾患における緩和ケアの重要性

> 「自然な看取り」とは，高齢者の慢性疾患における「緩和ケア」を実践することです

自然な看取り＝「緩和ケア」の実践
Cure Sometimes
Comfort Always

- 苦痛を取り除くための治療は必要
- 常に快適なケア
- 無益な延命治療はしない

> **Point**
> ★ 「看取りの意思確認後」にも「緩和ケア」はたいへん重要です.
> ★ 「緩和ケア」とは,「生命を脅かす疾患に伴う問題に直面する患者と家族に対し,疼痛や身体的,心理社会的,スピリチュアルな問題を早期から正確にアセスメントし解決することにより,苦痛の予防と軽減を図り,生活の質(QOL)を向上させるためのアプローチ(WHO)」です.
> ★ 「緩和ケア」は,がん性疾患だけでなく,認知症などの高齢者の慢性疾患においても必要です.
> ★ 「Cure Sometimes – Comfort Always」
>   時に治療―常に快適なケア

1)「看取りの意思確認」をしたからといって,必要な医療やケアを提供することを妨げてはなりません

「看取りの意思確認をした」「看取りをする」ということは,「すべての医療やケアをやめてしまうことでは"ない"」ということを心に留めておいて下さい.これは,医学的にも倫理的にもたいへん重要なことです.「自然な看取り」あるいは「平穏な最期」は,無益な延命治療を差し控えたり中止して,快適ケア(Comfort Care)中心の緩和ケアに入ることを意味します.つまり,無益な延命治療はやめても,必要な治療や日常ケアをやめることでは"ない",ということです."常に快適なケア"を,そして"身体的・精神的苦痛を取り除くための治療は必要"ということになります.

そこで,このスローガン「Cure Sometimes-Comfort Always(時に治療―常に快適なケア)」が生きてきます.これは,高齢者の慢性疾患の"看取り"において,大変わかりやすい,そして大切なスローガンです.「延

命治療をやめて看取りにはいる」ということは,「緩和ケア」を実践するということに他なりません.

2) 緩和ケア的アプローチは,患者本人に対してだけでなく,家族に対しても必要

そして,「看取りの意思確認」をしたからといって,提供される医療ケアの質を落としてはいけません.「医療ケアの質を落とさない」とは,なにも積極的医療を実施することを意味している訳ではありません. なにが,その患者本人にとって最適な医療ケアなのかを常に考えてください. また,緩和ケア的アプローチは,「生命を脅かす疾患」に直面している患者本人だけでなく,家族に対しても重要です.

3)「看取りの意思確認」後にも,緩和ケアの内容について充分な対話を

さらに,患者さんや家族に,今後も,必要な医療やケアは継続的に提供されることを説明してください. 患者さんは,「看取りの意思確認書」作成後,医療ケア担当者が自分のことをあきらめてしまうのではないか,医療が必要な場合にもほっておかれるのではないかと心配しています. 患者本人や家族と定期的に話し合い,本人にとってより適切な緩和ケアなどについて説明してください.

4)『緩和ケア』の概念

緩和ケアは,最初はがんの終末期においてたいへん重要視されてきましたが,最近は,がんだけでなく,認知症をはじめとする高齢者の慢性疾患に対しても,緩和ケアという概念がたいへん重要であると考えられるようになってきました. このような高齢者の慢性疾患における緩和ケアの重要性に鑑みて,2011年 WHO Europe が,「高齢者のための緩和ケ

アのよりよい実践」というガイドラインを出しています．また，2013年6月にはヨーロッパ緩和ケア学会が「認知症における緩和ケアのRecommendation」という形でガイドラインを出しています．

（1）緩和ケアの定義
WHOによる緩和ケアの定義は，以下のようになっています．
『生命を脅かす疾患に伴う問題に直面する患者と家族に対し，疼痛や身体的，心理社会的，スピリチュアルな問題を早期から正確にアセスメントし解決することにより，苦痛の予防と軽減を図り，生活の質（QOL）を向上させるためのアプローチである．』

（2）緩和ケアの実践
緩和ケアの具体的実践は以下のとおりです．
*痛みや，他の苦痛からの解放．
*通常の日常生活と，自然の経過での死を保障する．
*決して死を早めるものでもないし，死を先延ばしするものでもない．
*患者の心理的・スピリチュアル的なケアを含むものである．
*患者が死の直前まで，できる限り，通常の日常生活をアクティブに送れるようにサポートするものである．
*患者が病床にあるとき，および看取り後に，家族を支援するシステムを提供すること．
*患者や家族のニーズにこたえるために，看取り後のカウンセリングを含めて，チームアプローチをすること．
*QOLを高めること．それは，病気の経過にポジティブな影響を与えることになる．

＊緩和ケアは，病気の早い段階から，他の命を長らえることを目的とした治療（例；化学療法・放射線治療など）とともに適用されるべきものであり，苦痛を与える合併症に対処することも含む．

心肺蘇生をしない（＝看取る）という医師による指示
―― DNAR 指示 ――

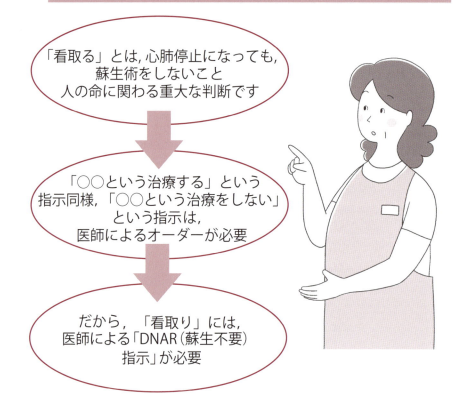

適切な「看取りの意思確認」ができたら…
担当医にDNAR指示を書いてもらいましょう

「看取る」とは，心肺停止になっても，蘇生術をしないこと
人の命に関わる重大な判断です

「○○という治療する」という指示同様，「○○という治療をしない」という指示は，医師によるオーダーが必要

だから，「看取り」には，医師による「DNAR（蘇生不要）指示」が必要

> **Point**
> ★ 適切なプロセスを経て「看取りの意思確認」をした後には，担当医に「DNAR（蘇生不要）指示」を書いてもらいましょう．
> ★「DNAR（蘇生不要）指示」とは，「疾病の末期に，救命の可能性がない患者に対して，心肺蘇生術をおこなわないという医師による指示」を指します．
> ★ DNAR指示は，「患者の自己決定（事前指示）」，あるいは「適切な代理人」による「適切な手順」を踏んだ代理判断にもとづいて，医師が出します．

1)「看取りの意思確認書」を作成したら，次は「DNAR指示」を作成してください

「看取りの意思確認書」は，基本的には，終末期の延命治療について，本人および家族の意向・願望を聞き取った書類，あるいは本人および家族が自分たちの意向・願望を書いた書類です．そのような意味では個人的で私的な書類です．終末期の延命治療に関する正式な医療上の指示（オーダー）ではありません．

前述のごとく，「〇〇という治療をする」という指示と同様に，「〇〇という治療をしない」という指示も，命に関わる重要な医療上の指示です．したがって，このような命に関わる指示は，それが「〇〇という治療をする」であっても，「〇〇という治療をしない」であっても，原則として，医師によるオーダーが必要です．

したがって，「看取りの意思確認」ができた後，その次は，担当医に「蘇生不要指示 DNAR指示（Do Not Attempt Resuscitation）」を書いてもらうことが望ましいといえます．（第15章参照）

それではここで，介護施設で働いているケア専門家にとっては，いま

まであまり聞き慣れない言葉，しかし，今後は施設や在宅での看取りを密室にしないためにも必ず必要となってくる言葉「DNAR 指示」について，少し解説をしてみます．

2) DNAR 指示（蘇生不要指示）とは

(1) 定義；DNAR 指示は，『疾病の末期に，救命の可能性がない患者に対して，本人または家族の要望によって，心肺蘇生術を行わないことを指し，これに基づいて医師が指示する場合を DNAR 指示』といいます(1995 日救急医会誌)．

(2) 現在，日本では，急性期病院を中心に日常的に DNAR 指示が出されています．最近では，96％以上の病院で出されているとの調査結果もあります．

また，アメリカのある州では，ホスピスの 100％，ナーシングホームの 95％が DNAR 指示書を使用しています．日本人がしばしば勘違いしていることで，アメリカでは「冷蔵庫に"蘇生はしないでほしい"という事前指示が貼ってあれば，かけつけた救急隊は蘇生をしない」ということがありますが，実は，これは事前指示ではありません．冷蔵庫に，本人が心肺蘇生を望まないという事前指示が貼ってあっても，救急隊は蘇生を始めてしまいます．救急隊はこの医師が書いた「DNAR 指示」があってはじめて，蘇生を開始しません．

(3) DNAR 指示は，その発展の歴史的経緯から，本人の自律・自己決定（Autonomy）に基礎をおくものです．アメリカの連邦法である Patient Self Determination Act（患者自己決定権法）も，それを支持しています．つまり，DNAR 指示は，「患者本人の心肺蘇生術（CPR；Cardio Pulmonary Resuscitation）を望まないという事前指示に沿って，医師が

出すオーダーである」ということです.

3) DNAR指示は, 介護施設の「看取り」においても無関係ではない

　現在, 多くの急性期病院で出されているDNAR指示は, 決して, 介護施設の看取りと無関係ではありません.「心肺停止になっても, そのまま蘇生処置をしない」ということは, まさに, 介護施設における「看取り」そのものであり, DNAR指示は, 介護施設の看取りにも適用されるということです. 厳密には, 介護施設においても, 看取りの公正な手続きである「DNAR（蘇生不要）指示」が必要ということです.

　今後は, 介護施設における, 高齢者本人の医療を受ける権利・医療を拒否する権利に配慮した, 密室にならない公正な「意思決定の手続き」を実践するためにも, 熟慮を要する課題です.

4) いま医療の現場においてDNAR指示のなにが問題となっているのか

　現在, 相当数の病院で日常的にDNAR指示が出されていますが, 医療者個人個人で, DNARについての解釈が異なっており, その倫理的意味については「あいまい」「コンセンサスがない」という現状があります. DNAR指示において, 具体的には, 以下のことが問題となっています.

　①DNAR指示は, だれが決めるのか？（本人意思の尊重・家族の代理判断の問題）

　②DNAR指示は, いつ出すのか？（いざ指示を出そうとすると, すでに, 本人に意思能力がないことが多い）

　③DNAR指示によって, 差し控えられたり, 中止される医療的処置の内容とは？（DNAR指示によって, CPR以外の生命維持治療が中止, 差し控えられている）

④DNAR指示を出すための公正なプロセスとは，どのようなものか？

⑤DNAR指示後の適切な医療ケア（緩和ケア）とは？

上記の問題点をみると，いままで本書で述べてきた介護施設の「看取りの意思確認」の問題点と似ていると思いませんか．DNAR指示には，「看取りの意思確認」と共通の倫理的問題点があることがみて取れます．よりよい看取りを実践するためには，「看取りの意思確認」を適正にして，公正なDNAR指示を出すことが必要だということです．換言すれば，これらの終末期の意思決定プロセスが倫理的に正しく実践できれば，正しい「看取りの意思確認」もできるし，正しいDNAR指示も出すことができるということです．

5) DNAR指示からPOLSTへ

上記の問題点を解決し，より適切なDNAR指示の実践をするために，日本臨床倫理学会は，DNAR指示に関するワーキンググループを組織し，基本姿勢・ガイダンス・書式について検討し公表しています．患者さんのためにDNAR指示を作成する医師であれば，だれでも使用することができます．第24章を参照してください．

また，DNAR指示によって差し控えられる治療の内容を具体的に示すために，最近では，POLST (Physician Orders for Life Sustaining Treatment) という概念が出てきています．POLSTは，心肺蘇生術（CPR）だけでなく，他の延命治療に関する具体的指示も含んでいる書式です．患者さんや家族との「看取りの意思確認」の話し合いにおいて，心肺蘇生術（CPR）だけでなく，それ以外の治療処置についても，コミュニケーションを深め，具体的・明確にしておいてください．

POLST（DNAR 指示を含む）

POLST（Physician Orders for Life Sustaining Treatment）

「生命を脅かす疾患」に直面している患者の
医療処置（蘇生処置を含む）に関する
医師による指示

★これは日本臨床倫理学会が作成したPOLST（DNAR 指示を含む）の作成指針です．

★患者さんのためにPOLST（DNAR 指示を含む）を作成する医師であれば，どなたでも使用することができます．

日本臨床倫理学会

POLST（DNAR指示を含む）

「生命を脅かす疾患」に直面している患者の
医療処置（蘇生処置を含む）に関する医師による指示書

私，担当医（担当医師氏名）＿＿＿＿＿＿＿＿＿＿＿は，患者本人（あるいは適切な代理判断者）によって，適切なインフォームドコンセントがなされ，公正な手続きを経て，このPOLST（DNAR指示を含む）書式にある医療処置の制限が決定されたことを認めます．
書式は，カルテに正式に記載されています．

・話し合いの参加者；　☐ 患者　　☐ 配偶者
　　　　　　　　　　　☐ その他　＿＿＿＿＿，＿＿＿＿＿，＿＿＿＿＿

・医療ケアチーム内の話し合いの参加者；(氏名)(職種)，
　＿＿＿＿＿＿，＿＿＿＿＿＿，＿＿＿＿＿＿，
　＿＿＿＿＿＿，＿＿＿＿＿＿，＿＿＿＿＿＿

担当医師署名＿＿＿＿＿＿＿＿＿＿＿＿＿＿
連絡先＿＿＿＿＿＿＿＿＿＿　日付＿＿＿＿＿＿＿＿＿＿

＜患者記入欄＞

> 患者（患者氏名）＿＿＿＿＿＿＿＿＿＿＿＿においては，「生命を脅かす疾患」に直面した場合の医療処置の制限や，心肺停止に陥った場合の蘇生処置の制限について，本書式の方法を望みます．
> 　★現在の病状について理解しました．
> 　★以下の制限する医療処置の内容について理解しました．
> 　★また，これらの指示は，私の意思で，いつでも撤回できることを理解しています．
>
> サイン＿＿＿＿＿＿＿＿＿＿＿＿＿＿㊞（患者または代理判断者）
> 日　付＿＿＿＿＿＿　年　　　月　　　日
>
> 【POLST（DNAR指示を含む）と，患者作成の事前指示の内容が異なっている場合には，POLST（DNAR指示を含む）を優先することに同意します】

●セクションA；心肺蘇生術（CPR）について【心肺停止の場合；1つを選ぶ】
　☐ すべての心肺蘇生術を実施してください Resuscitate（Full Code）
　☐ 心肺蘇生術を実施しないでください Do Not Attempt Resuscitation
　患者が，心肺停止（CPA）の状態でない場合には，セクションBとCの指示に従う

●セクションB；心肺停止の状態ではない場合
【生命を脅かす疾患に直面しているが，CPAの状態ではない（脈拍が触知したり，呼吸をしている）場合；1つを選ぶ】
　☐ 苦痛緩和を最優先とする医療処置（a）；
　　患者の尊厳に配慮し，敬意をはらって対処してください．経口的に水分や栄養を補給するなどの適切な処置は実施してください．また，身体清潔にも配慮してください．疼痛や不快な症状を軽減するための投薬・体位交換・創傷処置などは実施してください．また症状を軽減するために酸素投与・吸引・用手気道確保が必要であれば実施してください．
　　・救急隊への指示；患者は生命維持治療のために病院へ搬送されることを望んでいません．現在の状況が，上記（a）の緩和ケア的処置（Comfort Measures）では，苦痛を軽減できない場合のみ病院へ搬送してください．対応が明確でない場合には，主治医または搬送先病院の担当医，あるいは当日のMC（Medical Control）の救急隊指導医にコンサルトしてください．
　☐ 非侵襲的医療処置（b）；
　　上記の緩和ケア的処置（a）に加えて，心臓モニタリングおよび投薬（経口・経静脈）処置を実施してください．
　　・救急隊への指示；もし適応があれば，病院へ搬送してください．医療機器を用いた気道確保（気管内挿管を含む）はしないでください．対応が明確でない場合には，主治医または搬送先病院の担当医，あるいは当日のMCの救急隊指導医にコンサルトしてください．
　　・医療機関への指示；ICU管理をしないでください．
　☐ 侵襲的医療も含む医療処置 Full Treatment（c）；
　　上記の処置（a）（b）に加えて，医療機器を用いた気道確保（気管内挿管を含む），人工呼吸器，除細動等を実施してください．
　　・医療機関への指示；適応があれば，ICU管理をしてください．
　　・その他の指示；

●セクションC；その他の医療処置

人工的水分栄養補給
- □ 経管栄養（胃ろうを含む）を実施する
- □ 経管栄養を実施しない
- □ 点滴を実施する
- □ 点滴を実施しない
- ・その他の指示；

抗生物質および血液製剤
- □ 抗菌剤を投与する
- □ 抗菌剤を投与しない
- □ 血液製剤を投与する
- □ 血液製剤を投与しない
- ・その他の指示；

人工透析
- □ 人工透析を実施する
- □ 人工透析を実施しない
- ・その他の指示；

●セクション D；患者による事前指示（以下の書類が存在します）
　□ なし
　□ リビングウィル（望まない医療処置の内容）
　□ 医療に関する代理判断者の指名
　　　（氏名）（本人との関係），＿＿＿＿＿＿＿＿＿＿＿＿，＿＿＿＿＿＿＿
・その他の指示；

●セクションE；変更・更新（確認）した日
　　1）＿＿＿＿＿＿年＿＿＿＿月＿＿＿＿日　（初回作成日）
　　2）＿＿＿＿＿＿年＿＿＿＿月＿＿＿＿日
　　3）＿＿＿＿＿＿年＿＿＿＿月＿＿＿＿日

＊POLST（DNAR指示を含む）は，定期的に見直してください．
＊また，以下の場合にも，再評価してください．
　①意思能力のある患者・意思能力のない患者の家族・医療ケアスタッフによる申し出があった場合
　②患者が，別な医療機関や介護施設に移る場合
　③患者の病状が変化した場合

POLST（DNAR指示を含む）作成に関するガイダンス

「生命を脅かす疾患」に直面している患者の
医療処置（蘇生処置を含む）に関する医師による指示

　現在，広くDNAR指示（Do Not Attempt Resuscitation Order）という言葉が用いられていますが，DNAR指示は心肺停止（Cardio Pulmonary Arrest；CPA）の際に，心肺蘇生術（Cardio Pulmonary Resuscitation；CPR）を実施しないという患者（家族）の意思に沿って，医師が出す指示（Order）です．したがって，DNAR指示は，CPR以外の治療方針に影響を与えてはなりませんが，特に**「生命を脅かす疾患」に直面している患者**においては，他の医療処置の内容についても，具体的に十分に考慮する必要があります．

　そこで，当書式は，DNAR指示という形式ではなく，CPR以外の医療処置についての指示も含んだPOLST（Physician Orders for Life Sustaining Treatment）という形式を採用しています．

　POLST（DNAR指示を含む）作成のプロセスおいては，以下の項目に留意をしてください．

1. POLST（DNAR指示を含む）作成に際して，患者本人・家族（関係者）および医療ケアチーム内で十分なコミュニケーションがなされていますか？

　☐意思決定のプロセスにおけるコミュニケーションの重要性

　POLST（DNAR指示を含む）の必要性について適切に評価した後，患者本人や家族等に対して，本人に意思能力がある早い段階からのコミュニケーションが大切です．そして，わかりやすい情報の提供に心掛け，ていねいに話し合いを繰り返すことが必要です．

＊「意思能力のある患者本人」と，医療ケアチームとのコミュニケーションは適切になされていますか？

＊「意思能力のある患者本人」と「家族などの近親者」とのコミュニケーションは適切になされていますか？

＊「意思能力のある患者」の「家族」と，医療ケアチームとのコミュニケーションは適切になされていますか？

＊「意思能力のない患者」の「家族」と，医療ケアチームとのコミュニケーションは適切になされていますか？

＊医療ケアチーム内におけるコミュニケーションは適切になされていますか？ 看護師など他のスタッフや，主治医以外の医師との十分な話し合い・合意は重要です．

2. 今後の医療について，患者本人の意思は尊重されていますか？

□患者の自己決定することができる「意思能力」の有無の確認

□患者に意思能力があれば，医師は，原則として患者の意向を尊重する

□治療方針やCPAの可能性について事前に患者と話し合う

＊患者が自己決定（informed decision-making）できるように十分な情報を提供する

＊わかりやすい提案をする

＊POLST（DNAR指示を含む）に関する話し合いは，本人に意思能力のある外来の時点，あるいは入院後早い時期の危機的状況になる前に始められることが望ましい．具体的には，CPRについてだけでなく，他のどのような医療的処置をするのか，しないのかを話し合っておくことが望ましい．

□POLST（DNAR指示を含む）について，繰り返し患者と話し合う

＊POLST（DNAR指示を含む）後も，緩和ケアを含めた適切な医療ケアは継続的に提供されることを説明する

□POLST（DNAR指示を含む）作成後も，定期的に，話し合う

＊家族などの関係者も参加することが望ましい

□意思決定が不可能な患者のPOLST（DNAR指示を含む）は，患者の意向や患者にとっての最善の利益に基づいて決定する（（3）家族の代理判断の項参照）

＊蘇生などに関する意思決定は，（書式などによる）患者の意向に沿うこと

＊患者本人が書いた事前指示を尊重することが望ましいので，事前指示の作成を提案する

3. 患者本人が意思表明できない場合の代理判断，家族および近親者の考えを尊重していますか？

（1）代理判断者について

□POLST（DNAR指示を含む）は，患者本人の自己決定を基本としていますが，本人が意思表明できない場合には，家族等が代理判断をします．

□代理判断者には，代理判断をする人一般を指すSurrogateと，本人が指名したProxyがあります．患者の自律の視点からは，本人が指名したProxyが，より適切であるといえます．

□家族等は，代理判断者として適切ですか？　以下の要件について考えてください．

＊代理判断者は，患者の性格・価値観・人生観等について十分に知り，

その意思を的確に推定することができますか？
＊代理判断者は，患者の病状・治療内容・予後等について，十分な情報と正確な認識をもっていますか？
＊代理判断者の意思表示は，患者の立場に立ったうえで，真摯な考慮に基づいたものですか？
□代理判断をする適切な家族等がいない場合には，だれが代理判断者として適切なのかを関係者で話し合ってください．
＊代理判断者は，1人ですべてを決める必要はありません．関係者間の「コミュニケーションの中心」としての役割を担ってください．
＊倫理コンサルテーションや倫理委員会は，中立的第三者としての助言をするのに役立ちます．

（2）代理判断の内容の適切性について

□主治医をはじめとする医療ケア専門家は，家族等の代理判断者が，適切な判断をすることができるように支援をします
＊家族等が，「患者のかつての願望」「患者の価値観に基づいて推定された願望」「家族自身の願望」「患者の最善の利益」について，適切に区別できるように支援することが重要です．
＊特に，家族等の判断や決定は，本当に「患者本人の意思を推定あるいは反映しているのか？」，もしかしたら「家族自身の願望とか都合ではないのか？」という倫理的に微妙な違いに敏感になる必要があります．
＊したがって，家族との面談の最も重要な意義は，家族を通じて患者の真意を知ることだといえます．
□家族等（代理判断者）は，患者のかつての願望（事前指示）を尊重していますか？

＊蘇生などに関する意思決定は，（書式などによる）患者の意向に沿うこと
＊患者本人の事前指示があれば，それを尊重する
＊事前指示の内容が，現在の本人の病状や最善の利益に合致するかどうか検討する
＊代理判断者による決定内容が，本人の事前指示の内容と異なった場合には，「セクションD；患者による事前指示」の欄に，その変更内容・理由などを書き入れてください

□家族等（代理判断者）は，患者の意思を適切に推定していますか？
＊現在意思能力がない患者が，もし当該状況において意思能力があるとしたら行ったであろう決定を代理判断者がすることです．
＊患者自身の価値観・人生観などを考慮し，それと矛盾がない判断を，代理判断者が本人に代わってなすことを意味します．

□家族等（代理判断者）は，患者の最善の利益について配慮していますか？
＊「当該治療による患者の利益が，本当に患者の負担を上回っているのかどうか」「本人にとってなにがもっともよいことなのか」について，関係者皆でコミュニケーションを深めてください．
＊最善の利益に関する判断は，判断をする人の価値観に左右されたり，恣意的になりがちです．中立的第三者の意見を取り入れるなど，独善的にならないよう配慮をしてください．また，他人は，患者本人のQOL（Quality of Life）を低く見積もる傾向があるとの研究結果もありますから，その点についても十分に配慮してください．
＊「患者が望むであろうこと」に可能な限り近づけるように話し合ってください．

□家族等（代理判断者）は，患者と利益相反はありませんか？

□家族等（関係者）内で，意見の相違はありませんか？

□医師は，家族等の代理判断者の考え方や意向（家族自身の願望）も十分聴取し，可能な限り尊重します．しかし「家族等の願望」は，「患者本人の願望」を上回るものではありません．

□家族等が，意思決定の際，あるいは意思決定後の不安や罪悪感に対処できるようにするための支援も重要です．

4. POLST（DNAR 指示を含む）に関する医学的事項

□医師は，患者が POLST（DNAR 指示を含む）を出すのにふさわしい医学的病態かどうかについて熟慮してください．

＊CPA の際には，CPR は基本的治療手技です

＊POLST（DNAR 指示を含む）は，「生命を脅かす疾患」に直面している患者，あるいは治癒の可能性のない患者に適用されます

＊病状・治療の有益性や無益性について十分に考察してください

＊予期されていない事態が起こった場合には，さらに慎重な考慮が必要です

□患者および家族の意向は十分に斟酌されるべきであるが，もしその当該治療が有益でなく不適切な場合には，医師はその旨を患者（家族）に十分説明し，理解を得るよう努めてください．

□医師が DNAR 指示を書くことができるのは，蘇生が医学的に適応がない（心肺機能の回復が望めない）場合です．

＊他の医師によるセカンドオピニオンを得たり，中立的第三者の意見を聴取することが大切です

□「すべての CPA に対して，CPR を実施しないのか？」を確認してく

ださい

①あらゆる CPA に対して CPR を実施しない；

　元々の患者本人の原疾患自体がターミナルなので，不測の別な原因で CPA が起きたとしても CPR を望まない

②不測の CPA が起こった場合には，CPR を実施する；

　原疾患から予測される CPA に対しては CPR を実施しないが，不測の別な原因で CPA が起きた場合には，CPR を実施する

□"無益性（Futility）"の概念について

*医学的無益性の判断そのものにも，医療者の価値観や主観が入る可能性がありますので注意が必要です（たとえば「回復することは稀である」「その治療は無益である」といった場合，イメージする頻度（成功の可能性）には医療者によってばらつきがあるといわれています）

*また無益性の判断には，医学的事項のみでなく，患者の価値観・望んでいる QOL や治療目標などについても考慮する必要があります

*十分な情報提供を受け，コミュニケーションがなされた患者が表明した治療目標や望む QOL が，CPR を実施することによって達成できないのであれば，その CPR は無益（futile）という判断をすることができるでしょう

□DNAR 指示は，蘇生に特異的に関わるものです．その患者にとって適切な他の医療ケアを提供することを妨げてはなりません．

*DNAR 指示は，CPR 以外の治療方針に影響を与えません

*CPR 以外の，他の延命治療に関する具体的指示については，POLST（Physician Orders for Life Sustaining Treatment）の書式を使用してください（p.116：書式）

☐CPAを含む急変時に，すでに出されているPOLST（DNAR指示を含む）に従うかどうか，担当医に確認する時間的余裕がある場合には，再確認をしてください．

5. POLST（DNAR指示を含む）作成の手続きについて

☐意思決定のプロセスにおけるコミュニケーションの重要性
☐定期的な話し合いと信頼関係の構築の重要性
☐意思決定プロセスについての，記録は適切になされていますか？
＊カンファレンスの議事録
＊決定内容の記録
☐POLST（DNAR指示を含む）はカルテに記載する
☐意見の不一致がある場合の解決方法
＊関係者間の十分な話し合いで，意見が一致することが望ましいですが，意見の不一致がある場合には，セカンドオピニオンを求めたり，以下の倫理コンサルテーションや倫理委員会に意見を求めてください．
＊倫理コンサルテーション
＊倫理委員会
☐意思決定のプロセスが「終末期医療の決定プロセスに関するガイドライン」（厚生労働省，2007）に沿っているかどうかを，再確認してください．
＊POLST（DNAR指示を含む）は「延命治療差控え中止に関するガイドライン（厚生労働省）」(p.130参照)に沿ってなされる必要があります．

6. POLST（DNAR指示を含む）後の配慮

☐決定内容についての再評価と変更・更新

*POLST（DNAR指示を含む）を出した後にも，患者と定期的に話し合いをもってください

□決定内容を取り消すことができる場合

*以下の場合には，現在出されているPOLST（DNAR指示を含む）の適切性について再検討してください

*意思能力のある患者による申し出

*意思能力のない患者の家族による申し出

*医師・看護師などのスタッフによる申し出

*患者が，別な医療機関や介護施設に移るとき

*患者の病状が変化したとき

□緩和ケアの重要性

*POLST（DNAR指示を含む）は，必要な医療やケアを提供することを妨げてはなりません

*POLST（DNAR指示を含む）は，提供される医療の質を落としてはいけません．なにが，その患者本人にとって最適な医療なのかを常に考えてください．また，緩和ケア的アプローチは，「生命を脅かす疾患」に直面している患者本人だけでなく，家族に対しても重要です

*患者に，今後も医療ケアは継続的に提供されることを説明してください．患者は，POLST（DNAR指示を含む）後，医師が自分のことをあきらめてしまうのではないかと心配しています．患者と定期的に話し合い，本人にとってより適切な緩和ケアなどについて説明してください

□患者に臓器提供の意向がある場合には，移植の準備ができるまでPOLST（DNAR指示を含む）は，一時的に停止することができます

□手術・麻酔をする場合には，POLST（DNAR指示を含む）は，一時的に停止することができます

厚生労働省「終末期医療の決定プロセスに関するガイドライン」

厚生労働省 平成 19 年 5 月

1 終末期医療及びケアの在り方

① 医師等の医療従事者から適切な情報の提供と説明がなされ，それに基づいて患者が医療従事者と話し合いを行い，患者本人による決定を基本としたうえで，終末期医療を進めることがもっとも重要な原則である．

② 終末期医療における医療行為の開始・不開始，医療内容の変更，医療行為の中止等は，多専門職種の医療従事者から構成される医療・ケアチームによって，医学的妥当性と適切性を基に慎重に判断すべきである．

③ 医療・ケアチームにより可能な限り疼痛やその他の不快な症状を十分に緩和し，患者・家族の精神的・社会的な援助も含めた総合的な医療及びケアを行うことが必要である．

④ 生命を短縮させる意図をもつ積極的安楽死は，本ガイドラインでは対象としない．

2 終末期医療及びケアの方針の決定手続

終末期医療及びケアの方針決定は次によるものとする．

（1）患者の意思の確認ができる場合

① 専門的な医学的検討を踏まえたうえでインフォームド・コンセントに基づく患者の意思決定を基本とし，多専門職種の医療従事者から構成される医療・ケアチームとして行う．

② 治療方針の決定に際し，患者と医療従事者とが十分な話し合いを行い，患者が意思決定を行い，その合意内容を文書にまとめておくものとする．

上記の場合は，時間の経過，病状の変化，医学的評価の変更に応じて，また患者の意思が変化するものであることに留意して，その都度説明し患者の意思の再確認を行うことが必要である．

③ このプロセスにおいて，患者が拒まない限り，決定内容を家族にも知らせることが望ましい．

（2）患者の意思の確認ができない場合

患者の意思確認ができない場合には，次のような手順により，医療・ケアチームの中で慎重な判断を行う必要がある．

① 家族が患者の意思を推定できる場合には，その推定意思を尊重し，患者にとっての最善の治療方針をとることを基本とする．

② 家族が患者の意思を推定できない場合には，患者にとってなにが最善であるかについて家族と十分に話し合い，患者にとっての最善の治療方針をとることを基本とする．

③ 家族がいない場合及び家族が判断を医療・ケアチームに委ねる場合には，患者にとっての最善の治療方針をとることを基本とする．

（3）複数の専門家からなる委員会の設置

上記（1）及び（2）の場合において，治療方針の決定に際し，

・医療・ケアチームの中で病態等により医療内容の決定が困難な場合
・患者と医療従事者との話し合いの中で，妥当で適切な医療内容についての合意が得られない場合
・家族の中で意見がまとまらない場合や，医療従事者との話し合いの中で，妥当で適切な医療内容についての合意が得られない場合

等については，複数の専門家からなる委員会を別途設置し，治療方針等についての検討及び助言を行うことが必要である．

おわりに

1) よりよい「看取り」は，正しい「看取りの意思確認」から

　「看取りの意思確認書」を作成することは，事前指示を作成することと同様に，コミュニケーションのプロセスそのものです．その人の人生の最期の生き方を共に考える有用なコミュニケーションツールです．だからこそ，可能ならばご本人の口から言葉を聞くことが非常に大切になります．しかし残念ながらご本人が意思表明できない場合でも，家族等の代理判断者から，できる限り，「本人の望むこと」「本人ならばこのようなことを望んだだろう」といったことを聞き出すことが重要です．最期まで，その人の人生なのですから…．

2) 緩和ケア；Cure sometimes Comfort always 時に治療・常に快適なケア

　そして，本書では，「看取り」「看取りの意思確認」という言葉を多用してきましたが，高齢者の終末期ケアにおいては，「看取り」そのものを目的としたり，「死」だけに焦点を当ててはならないと思っています．

　さらに，今後，高齢者の慢性疾患における緩和ケアの概念はたいへん重要になります．したがって，「看取りの意思確認書」作成後にも，必要な医療や適切な緩和ケアなどが受けられることを説明する必要があります．つまり，「看取りの意思確認」によって，他の必要な医療ケアを提供することを妨げてはならないということです．スローガン「Cure Sometimes Comfort Always（時に治療・常に快適なケア）」を，常に心に刻

んでおいてください．

3）終末期の「よりよい QOL」を求めて

　また，最近，QOL(Quality of Life)という言葉に代わって，QOD(Quality of Death)という言葉が使用されていることがありますが，QOD という言葉を使用することには賛成できません．哲学者などは兎も角，少なくとも医療ケアの実践に関わっている人々には使ってほしくないと思っています．それは，終末期において「死」を目的としたり，主眼におくことは，患者さんの命を守ることが使命である医療ケア専門家の立ち位置(軸)を揺るがせる可能性があるからです．これは過剰医療に賛成しているわけでもないし，平穏な終末期を否定しているわけでもありません．もちろん医療がもはや無益である場合には，平穏な終末期を保障し QOL を改善することは，患者さんの尊厳を守るために重要です．

　『平穏な終末期の後に，死は必然と来るだけである…』それまでずっと，命を守るということを使命としてきた医療ケア専門家にとって，「よい終末期をもたらすこと」は使命にかなっていますが，「よい死をもたらそうとすること」はその使命に反し，医療ケア専門家としての役割の軸足が揺らぐ可能性があります．よい終末期をもたらすこととは，それぞれの高齢者にとっての望む QOL や，治療のゴールを反映することであり，それぞれの「しあわせ」を真摯に考えることです．ときに「よい終末期をもたらすこと」と「よい死をもたらそうとすること」は結果的に同じではないかという人がいます．しかし，思考のプロセスは全く異なると思います．それは「Ageing with Dignity（尊厳をもって齢を重ねること）」と「Ageing toward Death（死に向かって齢を重ねること）」の違いです．医療ケア専門家が「死」に焦点を当てているときには，患者さんや入所者の

方々も「失望・落胆・悲嘆」といったものと同居して生きざるを得なくなります．しかし，医療ケア専門家が「終末期をよく生きること」に焦点を当てているときには，高齢者の方々も「愛」「感謝」「平穏」「和解」「許し」，ときに「希望」さえもって生きることができます．

　したがって，QOD という考え方を排して，QOL（life；生きること）を常に念頭に置くことによって，医療ケア専門家は，自分たちの職業倫理としての立ち位置を失わずに，軸足がぶれない終末期ケア・看取りに向き合うことができますし，患者さんも苦悩のみの日々から逃れ，前を向くことができると思います．そこで，筆者らが普及活動をしている事前指示書『私の四つのお願い』には，「'死ぬこと'に重きをおいているのではありません．あなたの尊厳を守り，あなたの残された日々を平穏で満ち足りたものにするために，'生きること'を大切にしたいと願っています」と書かれています．

　また，人間は自らの死亡の瞬間を知覚できないし，また死亡の事実を自ら確認することはできません．その事実を確認でき，評価するのは他者のみです．だから，最期の瞬間（とき）まで，「よく生きる」「自分らしく生きる」「尊厳をもって生きる」ことに焦点を当てることが望まれます．『平穏な終末期の後に，死は必然と来るだけである…』

4）個人の「物語（ナラティブ）＝生き方」を心に刻んで

　そして，それぞれの死には，それぞれの「物語（ナラティブ）＝生き方」があることを心に刻んで日常ケアに臨んでほしいと思います．高齢者施設では，死が日常化し，それぞれの個人の死が埋もれてしまいがちですが，関わった医療ケア専門家は，かけがえのない生き方をした１人ひとりを，自分が生きている限りは記憶にとどめて日常ケアの実践に臨んで

ほしいと思います．人々が「Ageing toward Death」と悲観的に生きるのではなく，「Ageing with Dignity」という希望の灯（ともしび）を最期まで持って生きていける時代を望んでいます．あくまで，よりよいQOL（生活の質・生の質・人生の質）を求めて，高齢者に寄り添っていっていただきたいと思います．

2015年1月

箕岡　真子

著者プロフィール

箕岡　真子（みのおかまさこ）
　東京大学大学院医学系研究科医療倫理学分野客員研究員
【主な研究領域】
　バイオエシックス・終末期医療ケアの倫理・高齢者の介護倫理・認知症ケアの倫理
【主な著書】
「ケースから学ぶ高齢者ケアにおける介護倫理」共著，医歯薬出版，2008．
「認知症ケアの倫理」ワールドプランニング，2010．
「私の四つのお願い」ワールドプランニング，2011．
「蘇生不要指示のゆくえ」ワールドプランニング，2012，ほか

正しい「看取りの意思確認」

2015年5月15日　第1版　第1刷
2018年9月25日　第1版　第2刷

定　価　本体1,500円＋税
著　者　箕岡　真子
発行者　吉岡　正行
発行所　株式会社　ワールドプランニング
　　　　〒162-0825　東京都新宿区神楽坂4-1-1
　　　　Tel：03-5206-7431
　　　　Fax：03-5206-7757
　　　　E-mail：world＠med.email.ne.jp
　　　　http：//www.worldpl.com
　　　　振替口座　00150-7-535934
イラスト　吉田　勇亮
印　刷　三報社印刷株式会社

Ⓒ 2015, Masako Minooka
ISBN978-4-86351-090-6　C3036